12 lecciones

Para líderes que quieren lo mejor para sus jóvenes

LECCIONES
Bíblicas Creativas

HOWARD ANDRUEJOL & GERMÁN ORTIZ

GÉNESIS

12 lecciones para maravillarse con el diseño de Dios

12 lecciones

Para líderes que quieren lo mejor para sus jóvenes

LECCIONES
Bíblicas Creativas

HOWARD ANDRUEJOL & GERMÁN ORTIZ

GÉNESIS

12 lecciones para maravillarse con el diseño de Dios

La misión de Editorial Vida es ser la compañía líder en satisfacer las necesidades de las personas con recursos cuyo contenido glorifique al Señor Jesucristo y promueva principios bíblicos.

LECCIONES BÍBLICAS CREATIVAS: GÉNESIS
Edición en español publicada por
Editorial Vida – 2014
Miami, Florida

© 2014 por Howard Andruejol y Germán Ortiz

Este título también está disponible en formato electrónico.

Traducción: n/a
Edición: *Madeline Diaz*
Diseño interior: *Luvagraphics*

RESERVADOS TODOS LOS DERECHOS. A MENOS QUE SE INDIQUE LO CONTRARIO, EL TEXTO BÍBLICO SE TOMÓ DE LA SANTA BIBLIA NUEVA VERSIÓN INTERNACIONAL.
© 1999 POR BÍBLICA INTERNACIONAL.

Esta publicación no podrá ser reproducida, grabada o transmitida de manera completa o parcial, en ningún formato o a través de ninguna forma electrónica, fotocopia u otro medio, excepto como citas breves, sin el consentimiento previo del publicador.

ISBN 978-0-8297-6597-7

CATEGORÍA: Ministerio Cristiano /Juventud

IMPRESO EN ESTADOS UNIDOS DE AMÉRICA
PRINTED IN THE UNITED STATES OF AMERICA

14 15 16 17 ❖ 6 5 4 3 2 1

Agradecimientos

Gracias a los que de una manera u otra, con su enseñanza, respaldo o compañía, nos han ayudado a leer, estudiar y disfrutar el libro de Génesis. Gracias por introducirnos o acompañarnos en este impresionante recorrido por los caminos complejos de la realidad humana, así como por compartir con nosotros los descubrimientos de la majestad amigable del Creador del universo.

Muchas gracias a Alan Perdomo, Yadira Arriaza, Rebeca Mansilla y Gabriel López por su invaluable apoyo en este proyecto. ¡Gracias por amar el texto bíblico y enseñarlo con integridad!

Howard y Germán

Contenido

PRESENTACIÓN 02

BACKSTAGE 03

GÉNESIS 1 y 2: «El comienzo es la meta» 10

GÉNESIS 3: «De vencidos a vencedores» 12

GÉNESIS 10 y 11: «La misión de Dios es superior a la humanidad» ... 20

GÉNESIS 11: «Constructora soberbia» 26

GÉNESIS 13: «Codicia o generosidad» 28

GÉNESIS 16: «Atajos siniestros» 31

GÉNESIS 18: «Diálogo entre amigos» 45

GÉNESIS 20: «El recurso peligroso» 60

GÉNESIS 21: «Una esclava, dos naciones y su gracia» 66

GÉNESIS 22: «Nada mejor que la relación» 68

GÉNESIS 38: «Judá y Tamar» 90

GÉNESIS 41: «Una historia de sabiduría» 93

Presentación

El texto bíblico constituye el relato de la historia de Dios relacionándose con el hombre. ¡Ninguna historia es tan completa, emocionante, eterna y sobrenatural como esta! En Génesis, encontramos el punto de partida de aquello que podemos conocer. Nuestro Dios Creador se revela al hombre, le muestra su voluntad, y lo acompaña en su caída y restauración.

Aunque la Biblia contiene grandes enseñanzas morales y éticas, su fin principal es permitirnos conocer a Dios e invitarnos a darlo a conocer. Más allá de ser un texto con historias, personajes y acontecimientos ilustrativos, trata de una persona. Todo el texto apunta siempre a la persona de Cristo, comprendiendo el Antiguo Testamento mesiánico (¡un anuncio de que el Mesías vendrá!) y el Nuevo Testamento misional (¡donde el Mesías ahora nos envía!).

En este libro hemos incluido estudios de algunos pasajes de Génesis. En verdad, nos gustaría estudiar detenidamente cada verso y cada capítulo, pero eso tomaría mucho más de doce lecciones. Queremos destacar principios y enseñanzas, pero sobre todo el carácter de Dios. Confiamos en que estudiar estos pasajes con tus jóvenes los llevará a reflexiones importantes acerca de su Dios y su relación con él.

Hemos preparado cada estudio teniendo en mente a un grupo de jóvenes con el que compartiríamos el tiempo de enseñanza. En otras palabras, la forma en la que presentamos cada capítulo es solamente un posible enfoque, el nuestro, es decir, la manera en que nosotros impartiríamos la lección en nuestro grupo de jóvenes. Sin embargo, ten en mente que cada grupo es diferente. Así que, por favor, adapta lo que consideres necesario para hacer más relevante y específico el estudio y sobre todo sus aplicaciones. Agrega, modifica, suprime, inventa. Tú eres la persona que mejor conoce a ese grupo de jóvenes, eres el que tiene un mejor diagnóstico, y puedes hacer énfasis en puntos clave para enseñarles la verdad.

Al final de cuentas, lo más necesario de la enseñanza no gira alrededor de las actividades didácticas, sino de conocer a Dios y aplicar su verdad en nuestras vidas.

Que el Señor te use para que ellos puedan escuchar la voz de Dios por medio de su Palabra (2 Timoteo 4:1,2).

Con cariño,

Germán y Howard

Backstage [1]

¿Quién escribió este libro?

Aunque no hay una referencia directa en el libro que identifique al autor, la tradición apunta a Moisés como autor de este y los otros cuatro libros del Pentateuco. Existen diversas referencias en la Biblia a los escritos de Moisés (por ejemplo, en el Antiguo Testamento: Éxodo 17:14; Números 33:2; Josué 8:31, 1 Reyes 2:3; Esdras 6:18; Nehemías 13:1; Malaquías 4:4 y en el Nuevo Testamento: Marcos 12:26; Lucas 24:27; Juan 5:46; 2 Corintios 3:15). Bajo la conducción del Espíritu Santo, él escribe tomando en cuenta la transmisión oral y documentos antiguos, ya que muchos de los sucesos relatados ocurren antes de su nacimiento.

¿Quiénes lo recibieron?

Génesis se escribió para ser presentado al pueblo de Israel mientras estaba en el desierto. Esto les recordaría su herencia familiar y espiritual. El libro le daría esperanza a un pueblo que debía confiar en las promesas de Dios y su fidelidad.

¿Cuándo y dónde se escribió?

El libro fue escrito alrededor del año 1440 a. c., después del Éxodo (alrededor del 1445 a.c.) y antes de la muerte de Moisés (1405 a.c.). Abarcan muchos años de historia, desde

---

1   Tomado de La Biblia para el líder de jóvenes, Especialidades Juveniles.

el jardín del Edén hasta la muerte de José. Los capítulos 1-11 cubren dos mil años (aquí caben miles de años más desde la creación hasta el jardín del Edén), y los capítulos 12-50 comprenden un período de unos cuatrocientos años.

¿De qué se trata el libro?

Este libro fue escrito para plantear los inicios de la historia de la redención del ser humano por parte de un Dios poderoso y lleno de gracia. En ese sentido, los temas centrales de la Biblia están expuestos de manera germinal en este libro: la creación del universo, la relación de Dios con el ser humano, su caída, el propósito redentor de Dios y la elección de un pueblo para llevar a cabo ese plan.

Importancia del libro para el ministerio juvenil

En Génesis se encuentra la mayoría de los temas principales de la Biblia, y en casi todos los casos hallamos el punto de partida de los mismos. Esto permitirá que los jóvenes vean la perspectiva de Dios acerca de la creación, el ser humano, el libre albedrío, la desobediencia y la redención.

Comprenderán cómo desde el inicio Dios viene manifestándose a los seres humanos, dándose a conocer a pesar de ellos mismos. En las historias de los grandes héroes de la fe, notarán la imperfección, la infidelidad, los errores de los siervos de Dios y sus consecuencias. Podrán identificarse con ellos y se darán cuenta de la gracia. De este modo, podrán ver a Dios en la historia presentándose progresivamente a los hombres, cumpliendo sus promesas.

El libro también puede ayudar a los jóvenes a recordar sus orígenes, a observar su historia personal y familiar a la luz del plan completo de Dios. Si haces un estudio de este libro comparado con Apocalipsis, podrás recordarles que Dios está escribiendo una obra maestra de sus vidas. Conecta el inicio de la historia con un final triunfante que está por venir.

lección
1

GÉNESIS 1 y 2

«El comienzo es la meta»

Sección Uno:
INTRODUCCIÓN

Twitter, la red social de microblogging, parece ser una buena muestra de las tendencias culturales con respecto al conocimiento en estos tiempos. Las personas están rodeadas de toda clase de información, opiniones, interpretaciones y hasta frases vanas, pero todo ello encerrado dentro de los cortos límites de ciento cuarenta caracteres. Es como que si el mundo dijera: «Quiero saberlo todo, pero en pequeñas dosis, porque no tengo tiempo de leer demasiado». El fenómeno resulta interesante, ya que incluso tú debes reconocer que aunque inviertas horas enteras en las redes sociales, por lo general lo haces «a saltos»; es decir, pasando de un tema a otro, de una fotografía a otra, o de amigo en amigo. Como ves, estamos acostumbrados a recibir mucha información, pero no tenemos tiempo de entretenernos con demasiados detalles: ¡necesitamos ir al grano!

En un mundo con un conocimiento tan abundante y a la vez resumido, ¿qué lugar ocupa un libro de más de mil quinientas páginas, escrito en otra cultura, en otro idioma, con muchos símbolos y... ¡sin ilustraciones!? Muchos jóvenes podrían decir: «¿Alguien me puede dar la "versión Twitter de la Biblia"?». La buena noticia es que la Escritura posee una sección que casi se podría calificar como una «versión en miniatura del plan original»: los primeros capítulos del libro de Génesis. Esas breves páginas muestran a Dios, plantean los temas básicos y presentan a los seres humanos como receptores de la gracia. No se trata de ciento cuarenta caracteres, pero estos breves párrafos son casi un microcosmos de la Palabra de Dios.

Sección Dos:
ADENTRÁNDONOS EN EL TEMA

Los capítulos que vamos a estudiar han sido motivo de mucha controversia por diversas razones: su exactitud histórica, así como su significado científico y teológico. Por el momento, podemos dejar a un lado esas controversias y concentrarnos en el texto mismo. Lee los dos capítulos de Génesis y responde las siguientes preguntas acerca de Dios, el mundo y el ser humano.

¿Qué dice acerca de Dios?

1. ¿Qué acciones realiza Dios en el capítulo 1? Escribe los verbos y los versículos de cada una.

2. El relato de la creación subraya la manera en que Dios hizo al mundo. Lee Hebreos 1:3 para saber por medio de quién lo hizo:

   ¿Qué crees que indica esto con respecto al poder de ese elemento?

3. ¿Cómo consideró Dios su creación en el relato según Génesis 1:4, 10, 12, 18, 21, 25 y 31? ¿Qué crees que significa esta evaluación a medida que la creación obtenía su forma final?

GÉNESIS 1 y 2: «*El comienzo es la meta*»

Con reverencia, trata de penetrar los pensamientos y sentimientos del Creador. Imagina por un momento que eres Dios y estás terminando el sexto día de la creación. Trata de escribir una entrada en tu diario para contar lo que ha pasado durante la semana y ese día en especial.

¿Qué dice acerca del mundo?

1. ¿Cuándo creó Dios al mundo según el v. 1? _____

Este detalle es muy importante, aunque la mayoría de las veces lo pasamos por alto. Esa palabra significa que, de acuerdo a la Biblia, el universo tuvo un comienzo. Lo anterior coincide con la opinión de muchos científicos. A la vez, debes notar que Dios ya existía antes de ese momento. Él es eterno, pero su creación no.

LECCIONES *Bíblicas Creativas* | GÉNESIS

2. ¿Cuál era el estado de la tierra según el v. 2? _____

3. ¿Por qué crees que la tierra estaba en tal situación? (Escoge una respuesta.)

○ El Señor metió la pata.

○ El Señor lo hizo a propósito.

Por alguna razón, el Señor decidió producir los materiales para crear el mundo y luego les dio forma. Algunos estudiosos opinan que la razón para esto es que Dios deseaba mostrarles a los seres humanos el tiempo y cuidado que se tomó a fin de preparar un hogar para ellos. A la vez, es posible que lo haya hecho con el objetivo de dar un ejemplo de dedicación al trabajo.

4. Lee de nuevo el relato de la creación. Recuerda que al inicio el diagnóstico era que la tierra estaba «desordenada y vacía» (rvr-1960). Ahora completa el siguiente cuadro colocando lo que Dios hizo en cada día:

DÍA	«DESORDENADA» ¿Cómo puso orden Dios?	«VACÍA» ¿Cómo llenó Dios el vacío?
PRIMER DÍA		
SEGUNDO DÍA		
TERCER DÍA		
CUARTO DÍA		
QUINTO DÍA		
SEXTO DÍA		

5. Observa el orden en que el Señor crea cada detalle del mundo. Coloca un número del 1 al 4 que indique el orden de los siguientes elementos de la creación:

. Animales ⚪

. Seres humanos ⚪

. Plantas ⚪

. Lumbreras ⚪

6. Es digno de notar que este es el mismo orden en el que según la mayoría de los científicos surgió la vida en la tierra. Una vez más, aunque este no pretende ser un dato científico, parece que la Biblia concuerda con lo que la ciencia verdadera ha descubierto.

7. Algunos estudiosos de la Biblia han observado que el relato de la creación presenta un proceso por medio del cual Dios está preparando un hogar para alguien especial. Si esto es así, ello explicaría por qué el Señor se tomó seis días en terminar la obra cuando podía crear el universo en un solo instante. ¿Puedes encontrar en el capítulo 1 algunas evidencias de que Dios tenía en mente a los seres humanos cuando estaba creando el mundo? *Ejemplo:* Dios hizo los árboles para que dieran fruto pensando en la alimentación humana.

¿Qué dice acerca de los seres humanos?

1. ¿Cuál crees que es la relación de Dios con los seres humanos en los siguientes versículos? (Escoge una respuesta.)

- *Génesis 1:27-28*
  Como superior que da órdenes ○   Como amigo que cuida ○

- *Génesis 2:15-17*
  Como superior que da órdenes ○   Como amigo que cuida ○

- *Génesis 2:18-22*
  Como superior que da órdenes ○   Como amigo que cuida ○

- *Génesis 3:8a*
  Como superior que da órdenes ○   Como amigo que cuida ○

2. Según el capítulo 1, después de haber creado al hombre y la mujer, ¿qué fue lo primero que hizo Dios con ellos? (v. 28a) _____
_____

3. Luego les dirigió unas palabras (v. 28b). Estas frases han sido denominadas «El mandato cultural», ya que constituyen una orden dada a los seres humanos como raza y no solo a los primeros padres. Este ha sido el motor que ha impulsado a muchos cristianos a involucrarse en actividades relacionadas con el desarrollo económico, intelectual, cultural, científico y ambiental. Escribe los mandatos que el Señor les dio a los seres humanos.

- _____
- _____
- _____
- _____

4. Se podría decir que el capítulo 2 de Génesis presenta el ideal que había planeado el Señor para el mundo y los seres humanos. En realidad, el resto de la Escritura parece ser la historia de cómo Dios rescató a los seres humanos para regresar a este estado espléndido. Trata de señalar específicamente algunas de las condiciones perfectas que son presentadas en este capítulo.

GÉNESIS 1 y 2: «*El comienzo es la meta*»

- La relación del ser humano con la creación. _____
  _____

- La relación entre hombre y mujer. _____
  _____

- La relación entre Dios y los seres humanos _____
  _____

5. Este pasaje presenta también la historia de la primera relación de pareja: Adán y Eva. Todo el pasaje enseña acerca del tema, pero en especial Génesis 2:24 es un modelo que se espera que sigan las parejas de hoy. Trata de deducir algunos principios aplicables a los matrimonios provenientes de las palabras de este versículo de las Escrituras:

   - «Dejará el hombre a su padre y su mare»: _____
     _____

   - «Se unirá a su mujer» _____
     _____

   - «Los dos serán una sola carne»: _____
     _____

Sección Tres: ¿CÓMO SE RELACIONA ESTO CONMIGO?

1. ¿Qué te han enseñado estos capítulos con respecto a los siguientes temas?

- Tu Dios
- Tu mundo
- Tú mismo
- Los demás

2. Resume lo que crees que es el plan de Dios basándote en estos capítulos.

_____
_____
_____
_____
_____
_____

GÉNESIS 1 y 2: «El comienzo es la meta»

Sección Cuatro:
CIERRE

Haz un compromiso específico mediante el cual te propones hacer avanzar los objetivos de Dios para el mundo. Por ejemplo: Me comprometo a adorar al Señor como creador y sustentador del mundo en que vivo.

¡ESCRIBE!

lección 2

GÉNESIS 3

«De vencidos a vencedores»

GÉNESIS 3: «De vencidos a vencedores»

Sección Uno: OBJETIVO

En esta lección los jóvenes comprenderán que el pecado representa la peor derrota para el ser humano y que somos incapaces de vencerlo por nuestros propios esfuerzos. Sin embargo, podrán entender mejor la victoria de Cristo y esperar con expectativa su triunfo final.

Sección dos: ADENTRÁNDONOS EN EL TEMA

Tentación (vv. 1-6)

ACTIVIDAD: «Top 10 de tentaciones»

Entrégales a los jóvenes unas boletas de papel en blanco. Diles que van a tratar de hacer un Top 10 de las tentaciones principales que afectan a los jóvenes de su edad hoy. Explícales que existen dos normas para este ejercicio. En primer lugar, nadie debe burlarse de alguna respuesta, sino escuchar respetuosamente. En segundo lugar, vamos a procurar hacer una lista de aquellas cosas que acusan nuestra conciencia, lastiman nuestra vida espiritual y representan una crisis del corazón. Dirige la conversación a fin de lograr que la lista sea relevante para los jóvenes de tu grupo. Pídeles que escriban de forma anónima en las boletas cuáles creen entonces que son las tentaciones más difíciles para jóvenes de su edad.

Si es necesario, puedes sugerir algunas de las tentaciones que observas en general en los jóvenes. Escribe en una cartulina o una pizarra la lista. La usarás varias veces durante la lección. Deja espacio al lado derecho de la lista para completar otras columnas más adelante. Entrégale también a cada miembro del grupo la hoja «Top 10 de tentaciones».

1. En Génesis 1:26 aprendemos que el ser humano debía gobernar sobre los animales creados. En Génesis 3:1 vemos a la serpiente buscando invertir ese orden. ¿Por qué crees que muchas veces nos dejamos dominar por aquellas cosas que deberíamos controlar?)

2. Dios no es el autor del pecado, ni tienta a nadie (Santiago 1:13). Según Juan 8:44 y 2 Corintios 11:14, ¿cuáles son las armas principales de Satanás para tentarnos?

3. Lee Génesis 2:16,17. ¿Cuál es la diferencia entre la orden de Dios y las palabras de la serpiente? La tentación es siempre una distorsión de la verdad de Dios. Agrega dos columnas a la tabla del Top 10 y complétenlas: (1) verdad distorsionada, engaño y mentira de la tentación; y (2) verdad de Dios.

4. La serpiente convierte a Dios en alguien mucho más restrictivo y menos generoso de lo que es en verdad. Repasa la columna del Top 10 y agrega mentiras o engaños acerca de la bondad de Dios en cada tentación. ¿De qué forma cada tentación hace aparecer a Dios como más prohibitivo? ¿Cómo menos generoso?

5. En Génesis 3:2-3, Eva responde a las palabras de la serpiente mencionando lo que Dios dijo y añadiendo un poco más. Quizás trataban de estar alejados, en una zona segura, de la desobediencia o tal vez fueron instrucciones de Adán. Sin embargo, ¿qué te parece la disposición de Eva a dialogar con la serpiente? ¿Crees que debemos establecer un diálogo con la tentación? ¿Cuál sería una mejor alternativa?

GÉNESIS 3: «De vencidos a vencedores»

6. ¿Es cierta la respuesta que da la serpiente en los vv. 4-5? ¿Es una verdad a medias? ¿Es un engaño? ¿Es mentira? Cuando la tentación quiere seducirte, teminte. El pecado nunca habla con la verdad.

7. Nosotros no somos iguales a Dios. Él es superior, soberano. Es el juez, el que da las órdenes. Él es el Señor y nosotros sus siervos. ¿Por qué crees que a veces queremos saber tanto como Dios o más que él y decidir qué es bueno y qué es malo, qué es santo y qué es pecado?

8. Eva debió haberse aferrado a la Palabra de Dios. Lee Mateo 4:1-11 y observa la forma en que Jesús venció las tentaciones del diablo.

ACTIVIDAD: «Fruta deliciosa»

Prepara antes de la clase cuatro recipientes con distintas frutas jugosas, como un cóctel listo para saborear. Cubre los recipientes con servilletas, de tal forma que las frutas no estén visibles, pero que puedas luego mostrarlas fácilmente a todos.

. En el primer recipiente, prepara la fruta con miel blanca.

. En el segundo, prepara la fruta con pegamento transparente.

. En el tercero, con yogurt natural (blanco).

. Y en el cuarto, con pegamento blanco.

Nadie debe saber cuáles son los ingredientes secretos. ¡La fruta debe verse deliciosa en los cuatro recipientes! Solicita ahora cuatro voluntarios para la degustación. Cada uno seleccionará un platillo, y el objetivo del reto es ver quién se come toda la fruta en el menor tiempo posible. Ofrece un premio atractivo, como un chocolate gigante. Después de terminar el desafío, explica que muchas veces podemos pensar que algo es delicioso hasta que probamos su sabor amargo. Así puede ser el pecado.

1. Observa ahora Génesis 3:6. ¿Con qué palabras se describe la percepción que Eva tuvo del árbol y su fruto? ¿Cómo se parece nuestra actitud a la de Eva cuando enfrentamos una tentación? Añade una columna al Top 10: lo atractivo del pecado. ¿Qué es lo que vemos de atractivo en cada una de las tentaciones? Completa la tabla. El pecado nos engaña porque tiene una buena apariencia, de lo contrario no sería atractivo ni deseable. Por ello es muy fácil alejarnos solo de los pecados desagradables.

2. ¿Qué te parece la reacción de Adán en el v. 6? Él pecó deliberadamente y llevó a la tragedia a toda la raza humana (Romanos 5:12).

Condenación (vv. 7-19)

1. Según Génesis 3:7-8, ¿cuál fue la reacción de Adán y Eva al darse cuenta de su desobediencia? ¿Cómo reaccionamos nosotros ante Dios cuando pecamos?

2. El v. 7 nos muestra que ellos trataron de enmendar su pecado cubriéndose con hojas. Esto es algo equivalente a nuestras buenas obras, las cuales resultan inaceptables. Cuando desobedeces a Dios, ¿con qué buenas obras tratas de reparar tu pecado?

3. Lee los vv. 9-10. ¿Por qué crees que Adán tuvo miedo? ¿Te da miedo el pecado? ¿Las consecuencias? ¿Dios?

GÉNESIS 3: «De vencidos a vencedores»

4. En el v. 11, Dios hace algunas preguntas específicas. En el v. 12, ¿cómo responde Adán? ¿Cómo responde Eva en el v. 13? ¿Cuáles son nuestras excusas favoritas cuando cedemos a la tentación? Repasa la tabla de Top 10 y completa la columna de excusas. ¿Por qué crees que nos cuesta tanto reconocer nuestra desobediencia?

_____
_____

5. El pecado produjo un desastre para el hombre, la mujer, cada ser humano y la creación. Dios es el juez, y él siempre es justo. Haz una lista de las maldiciones que aparecen en los vv. 14-19. ¿Qué piensas acerca de estas consecuencias del pecado? ¿Crees que Dios sigue siendo justo? _____
_____

6. El pecado es la peor noticia para el ser humano. Estamos rodeados por él y contaminados por dentro. Describe qué es el pecado según los siguientes pasajes: 1 Juan 3:4; Proverbios 21:4 y 24:9; Mateo 12:37. ¿Cuán pecador crees que eres? Lee también Santiago 4:17. ¡El pecado nos ha infectado a todos! Y no podemos hacer nada al respecto por nosotros mismos. Lee Romanos 3:10-18, 23.

_____
_____

7. Aunque el pecado derrotó a Adán y Eva, ellos escucharon una buena noticia de parte de Dios. Lee el v. 15. ¿Cuál es la promesa? ¿Cómo se cumplió esta promesa? Lee Gálatas 4:4.

_____
_____
_____

Salvación (vv. 20-24)

1. En el v. 21 encontramos que fue necesaria la muerte de animales para cubrir a Adán y Eva. Fue preciso el derramamiento de sangre inocente por los culpables. Lee Hebreos 9:22. ¿Cómo anticipa este acto el sacrificio de Cristo en la cruz?

2. Como seres humanos, no podemos rescatarnos a nosotros mismos del juicio del pecado. Nuestra desobediencia personal y la desobediencia de Adán nos condenan. ¡Sin embargo, en Cristo tenemos esperanza, tenemos salvación! Lee Romanos 6:17-21 y haz un contraste entre Adán y Cristo.

3. Génesis 3:22-24 presentan el cuidado de Dios de una forma inesperada. El ser humano estaba ahora contaminado por el pecado. ¿Por qué crees que sacarlos del jardín era una muestra de la gracia de Dios?

4. ¿Cómo te provee hoy Dios salvación de la tentación? Memoriza 1 Corintios 10:13.

GÉNESIS 3: «De vencidos a vencedores»

Sección tres: CIERRE

Escucha la canción «No hay condenación» del grupo ROJO. Prepara la letra para proyectarla o entregarla impresa a cada miembro del grupo.

Al terminar la canción, pregúntales:

- ¿Qué voces escuchas que quieren condenarte?

- ¿Cuál es la solución del pecado?

Oración: Finaliza invitando a los jóvenes a realizar una oración personal que puede ser de dos maneras:

1. Si ya le han entregado su vida al Señor, agradezcan porque a través del sacrificio de Jesús fuimos limpiados y liberados de la esclavitud del pecado. ¡Y no hay condenación!

2. Si algunos de los jóvenes que están presentes aún no han tomado la decisión personal de rendirle su vida a Jesucristo, esta es una excelente oportunidad de invitarlos a hacerlo. Ayúdalos a entender que sin él seguimos siendo pecadores y necesitamos ser rescatados. Usa palabras y frases que reflejen el amor del Señor por ellos, no palabras que los hagan sentir incómodos.

Sección de materiales

Top 10 de Tentaciones

Tentación	Verdad distorsionada (mentira de la tentación)	Verdad de Dios (lo que debemos creer)	Lo atractivo del pecado (apariencia engañosa)	Nuestras excusas (falsas justificaciones)
1.				
2.				
3.				
4.				
5.				
7.				
8.				
9.				
10.				

lección 3

GÉNESIS 10 y 11

«La misión de Dios es superior a la humanidad»

GÉNESIS 10 y 11: «La misión de Dios es superior a la humanidad»

Sección Uno:
ACTIVIDAD/JUEGO: «Construcción a señas»

Instrucciones

1. Organiza grupos de cuatro o cinco personas. Pídeles que formen una torre (lo más alta que puedan), para lo cual les entregarás una libra de fideos o pasta para espaguetis y una bolsa de malvaviscos de los más pequeños que encuentres.

2. Tendrán dos minutos para ponerse de acuerdo con respecto a la construcción. Al finalizar el tiempo, les dirás que tienen dos minutos más para continuar, pero ya no pueden hablar, únicamente pueden comunicarse por medio de señas. Después de este tiempo, si alguno se desespera o nota que otro grupo va avanzando más, puede cambiarse de equipo y, al hacer esto, todo el grupo al que se mudó ya podrá hablar y avanzar. (Trata de no emplear más de diez minutos para esta actividad.)

3. Al finalizar, premia a todos los grupos por haber participado.

Objetivo de la actividad: Representar de manera simbólica lo ocurrido en la construcción de la torre de Babel. Esto los ayudará a conectarse con la introducción de la enseñanza.

Introducción

Inicia contando o leyendo el relato de la construcción de la torre de Babel, que se encuentra en Génesis 11:1-9. Pregúntales a los jóvenes cuál o cuáles creen que fueron las motivaciones del pueblo para tomar la decisión de hacer esta edificación.

LECCIONES Bíblicas Creativas | GÉNESIS

Sección Dos: PALABRAS CLAVE

. Generaciones
. Naciones, tribus, pueblos
. Lenguas o idiomas
. Expandirse, esparcirse

¡Idea! Puedes hacer algunos carteles con estas palabras e ilustrarlas y colocarlas en diferentes partes del salón o el área en la que compartirás esta enseñanza con los adolescentes o jóvenes.

Versículos clave

Génesis 10:5, 20, 31-32: Hace énfasis en la formación de grupos de personas como tribus o naciones en diferentes territorios y con distintos idiomas.

Génesis 11:1-9: Relata cómo los hombres eligen desobedecer a Dios quedándose estáticos en un lugar y además construyendo una especie de fortín para refugiarse y no ser separados. De esta manera el nombre de Dios no se conocería en otros lugares.

Hechos relevantes

. la construcción de la torre de Babel.
. Confusión de los idiomas.
. Dios dispersa a todas las personas por todo el mundo.

Sección Tres:
EL MENSAJE CENTRAL

- Que el nombre de Dios sea conocido en TODA la tierra.

- Que su pueblo lleve el mensaje de salvación a TODAS las personas (toda lengua, tribu, cultura y nación). Esto significa que Dios tiene una misión y por lo tanto un pueblo misionero.

- Dios desea desde lo más profundo de su corazón que la humanidad sea redimida.

Adentrándonos en el tema

¿Por qué el pueblo decide construir una torre?

Génesis 11:4: «Luego dijeron: "Construyamos una ciudad con una torre que llegue hasta el cielo. De ese modo nos haremos famosos y evitaremos ser dispersados por toda la tierra"». Es muy importante destacar la motivación pecaminosa del pueblo al querer construir la torre. Podemos resaltar que deseaban hacerse famosos, ser «intocables» y los únicos en tener acceso a las bendiciones del Señor. Sin embargo, todo esto solo demuestra el inmenso orgullo y la desobediencia que habían contaminado sus corazones.

¿Cuál era el deseo de Dios al darles instrucciones para que se separaran (dispersaran)?

Todo el capítulo 10 habla acerca de los descendientes de Noé, de donde surgen las naciones de la tierra (por cierto, a veces nos parece aburrido o no entendemos por qué debemos leer y conocer todos esos nombres «raros» y su orden... ¡pero es muy importante! Solo recuerda que varias historias como la de Rahab, Rut, David y Salomón se relacionan con la genealogía de Jesús, la cual encontramos en Mateo 1). Resulta interesante ver cómo el Señor ya tenía todo un plan estratégico para que cada pueblo habitara en territorios distintos y actuara como mensajero al anunciar que Dios existía y deseaba darse a conocer ante todos. Es decir, el Señor quería que su nombre se conociera. De esta manera, también muestra interés por el crecimiento integral de todas las naciones. Sin embargo, ¿qué sucedió? ¡Pues... no siguieron las instrucciones! Mmm... debemos preguntarnos si a veces actuamos de esta manera y no honramos al Señor con nuestra desobediencia y creyéndonos sabios en nuestra propia opinión.

¿Qué tiene que hacer Dios para que su plan continúe y se cumpla?

Génesis 11:5-7: «Pero el Señor bajó para observar la ciudad y la torre que los hombres estaban construyendo, y se dijo: "Todos forman un solo pueblo y hablan un solo idioma; esto es sólo el comienzo de sus obras, y todo lo que se propongan lo podrán lograr. Será mejor que bajemos a confundir su idioma, para que ya no se entiendan entre ellos mismos"».

¿Recuerdas el juego que realizamos al inicio de este estudio? Es muy difícil (casi imposible) ponernos de acuerdo si no entendemos nada de lo que los demás dicen. Dios, de forma muy creativa, piensa que al confundirlos y hacer que no se entiendan entre ellos no podrán continuar con sus planes llenos de orgullo y egoísmo. Como vemos, no hay nada que la humanidad pueda hacer para que Dios no cumpla su plan perfecto. Él es experto en deshacer todos los planes pecaminosos que nosotros podamos «maquinar» para obstaculizar que su nombre y su mensaje de salvación sean escuchados y aceptados por aquellos a los que ha elegido. Y lo puede hacer como a él mejor le plazca. A eso se le llama «soberanía», es decir, tenemos un Dios SOBERANO.

¿Cuál es la misión que Dios tiene en su corazón desde el inicio de la humanidad?

Que todas las personas —sin importar cuál sea su tribu, pueblo, nación o idioma— lo conozcan y se rindan ante su majestad. Él anhela redimir a hombres y mujeres de todo el mundo. A través de todas las Escrituras vemos que el plan siempre es el mismo, todo se trata de Dios y su pueblo transmitiendo el mensaje de salvación. Los contextos son diferentes, pero el mensaje es el mismo, y eso continúa vigente para nosotros. Esa es la razón por la que Dios esparce a estas personas que se encontraban en Babel (Génesis 11:9). Ellos habían sido elegidos y enviados por el Señor con una misión, es decir, eran misioneros.

Nota interesante: El Salmo 117 es el más corto, consta solamente de dos versos y es uno de los llamados «salmos misioneros». Mira cómo de nuevo Dios expresa su interés por todas las naciones.

¡Alaben al Señor, naciones todas!
¡Pueblos todos, cántenle alabanzas!
¡Grande es su amor por nosotros!
¡La fidelidad del Señor es eterna!

¡Aleluya! ¡Alabado sea el Señor! (NVI)

Sección Cuatro: ¿CÓMO SE RELACIONA ESTO CONMIGO?

1. Debo comprender y agradecerle al Señor porque me ha considerado digno de confianza al invitarme a ser parte de su misión.

2. Lee Juan 20:21: «¡La paz sea con ustedes! —repitió Jesús—. Como el Padre me envió a mí, así yo los envío a ustedes». En este versículo aprendemos que hemos sido llamados y enviados con una misión. ¿Sabes que significa la palabra «misionero»? Literalmente es un «enviado». Así que, si has sido redimido, eres hijo de Dios y discípulo de Cristo, también eres un misionero de Dios.

3. Es tu responsabilidad, obligación y privilegio compartir el evangelio de Cristo con aquellos que aún no lo conocen. (Lee 1 Corintios 9:16; 2 Corintios 4; 2 Corintios 5:14-15.)

Cierre

Compromiso: Vivir a fin de realizar la misión para la que Dios nos eligió, llamó, invitó y envió. Invita a los jóvenes a memorizar Juan 20:21. (Puedes confeccionar una tarjeta con el verso y pegarla a un dulce, chocolate o paleta. Otra idea es llevarles el verso en un sobre especial a manera de invitación, para ejemplificar y recordar que Dios nos invita a su misión y el privilegio que eso representa.)

Oración: Señor, te doy gracias por elegirme para ser parte de tu misión, aun sabiendo que me voy a equivocar muchas veces. Gracias por esa confianza tan hermosa, gracias por depositar tu tesoro en mí. Perdóname por las veces en que he podido compartir tu mensaje de salvación y no he sido obediente a tu voz. Perdóname si no he querido salir de mi zona de comodidad para compartir tu Palabra. Ayúdame a ser un testigo fiel de tu gracia, amor y compasión. En el nombre de tu Hijo Jesucristo, mi Salvador, amén.

GÉNESIS 10 y 11: «La misión de Dios es superior a la humanidad»

Sección de materiales, recursos e ideas:
MATERIALES

Para el juego «Construcción a señas»:

- Fideos o pasta para espaguetis (una libra por grupo).
- Una bolsa de malvaviscos pequeñitos para cada grupo.
- Cronómetro.

Para la sección de compromiso:

Sobre con tarjeta de invitación que incluya Juan 20:21 o algún dulce o paleta al que pegues este verso. ¡Si se te ocurre otra idea, genial! ¡Úsala!

Otras ideas:

- Si utilizas algún grupo en Facebook o alguna otra red social, puedes publicarlo durante la siguiente semana en diferentes versiones de la Biblia, y si es posible en diferente idiomas, según el contexto en el que trabajas.

- Envíales un mensaje de texto o un e-mail a los jóvenes con algunas notas, frases o datos importantes que consideres que deben recordar y poner en práctica para llevar a cabo la misión todos los días y en cualquier lugar y momento.

- Desafíalos a compartir durante la siguiente semana su fe con una persona que aún no conoce a Dios (hablando de forma natural acerca de lo que Dios hizo en cada uno de ellos a través de Jesucristo), y en la próxima reunión uno o dos chicos pueden compartir con el grupo cómo fue su experiencia.

Canciones recomendadas:

- «Viviré» (Abel Zavala)
- «Give me your eyes» (Brandon Heath)

lección 4

GÉNESIS 11

«Constructora soberbia»

GÉNESIS 11: «Constructora soberbia»

Sección Uno: INTRODUCCIÓN

Esta lección tiene la finalidad de enseñarles a los jóvenes acerca de la soberbia y sus consecuencias. También se espera que consideren que algunas cosas que muchas veces aparecen en la Biblia como castigos divinos, no son más que el resultado esperable de las acciones humanas.

Sección dos: ACTIVIDAD

Actividad: «Causa y efecto»

Esta dinámica tiene la intención de ayudar a los jóvenes a reflexionar sobre el fenómeno de causa y efecto, lo que resultará útil para analizar luego las consecuencias de nuestras decisiones.

Organiza una mesa con algunos elementos que te sirvan para que los jóvenes observen el fenómeno de causa y efecto. Por ejemplo: Una cerbatana hecha con una caña plástica delgada, lista para disparar una bolita de papel; una jarra con agua que pueda derramarse en un vaso vacío; las piezas de un dominó formadas de manera que al empujar una se genere una reacción en cadena que voltee todas; un globo que al soplar en su interior se infle y hasta pueda explotar… así como otros elementos que se te pueden ocurrir y te ayuden a que los chicos experimenten este fenómeno. Deja que los jóvenes prueben con estos elementos y luego permite un período de tiempo para reflexionar sobre lo observado.

Preguntas

1. ¿Qué es lo que pudieron observar a partir de sus experiencias con los objetos de la mesa? _____
_____

2. ¿Qué es lo que ocurrió a partir de que ustedes interactuaron con esos elementos? ¿Qué hay en común entre todas las experiencias? _____
_____

3. ¿Saben como suele llamarse este fenómeno que ustedes describen? _____
_____

Algo muy parecido suele pasar con nuestras decisiones. Observemos por medio del siguiente juego cómo el fenómeno de causa y efecto puede conectarse mucho con las consecuencias de nuestras decisiones.

Actividad: «Quién y qué»

El juego consiste en describirles a los jóvenes una serie de decisiones sobre las cuales ellos deberán responder quién la tomó y qué consecuencia resultó de haberlo hecho.

Usa la hoja «Quién y qué».

1. Con un enorme esfuerzo, un padre decide mudarse de Argentina a Lérida, España, buscando que el Barcelona cubra el costoso tratamiento de su pequeño hijo, virtuoso para el fútbol, pero con una extraña enfermedad que le impide crecer apropiadamente.

- ***Quién:*** El padre de Lionel Messi.
- ***Qué:*** La consecuencia fue que las divisiones inferiores del Barcelona quedaron deslumbradas con el argentino, costean el tratamiento y Lionel se convierte en una estrella del fútbol mundial.

2. En la antigüedad, un hombre de más de cien años, junto a su mujer de más de noventa, deciden obedecer a Dios y tienen relaciones sexuales, confiando en la promesa de que su Señor les dará el hijo tan esperado.

- ***Quién:*** Abraham y Sara.
- ***Qué:*** La consecuencia fue un embarazo milagroso. Saray, que había sido estéril toda su vida y era ya una mujer anciana, termina teniendo un hijo nueve meses después de haber obedecido.

3. Una cantante joven y talentosa decide rodearse de amigos que la acompañan y animan en un camino de desorden y drogas, con algunos de los cuales se comenta que tuvo relaciones de noviazgo o romances. Ella, negándose a recibir ayuda, supo decir: «Necesito tener problemas para sentir mi fuerza creativa».

- ***Quién:*** Amy Winehouse.
- ***Qué:*** La consecuencia fue muy triste. La multipremiada Amy realizó varias funciones fallidas debido a su completo estado de ebriedad o los efectos de las drogas. El 23 de julio de 2011 fue encontrada muerta en su departamento, como consecuencia de una sobredosis. Tenía tan solo veintisiete años de edad.

4. En el libro de Génesis, un hombre decide engañar a su hermano mayor y a su padre enfermo para robarse los derechos que le corresponden al hermano nacido primero.

- ***Quién:*** Jacob.
- ***Qué:*** Debe huir de la furia de su hermano y trabajar durante catorce años bajo las órdenes de Labán, el padre de la mujer de la que se enamora y que resulta ser tan o más tramposo que él.

Nuestras decisiones, como verás, tienen consecuencias. Algunas pueden ser buenas, otras malas. Lo que algunas veces vemos o nos hacen ver como castigos divinos, en muchas ocasiones no es otra cosa que las consecuencias de las decisiones que tomamos. Si decidiste saltar sobre un charco de agua, no puedes culpar a Dios por haberte ensuciado, esa es la consecuencia obvia de tu acción. Veamos qué es lo que ocurrió al respecto en este capítulo del libro de Génesis.

Sección tres:
ADENTRÁNDONOS EN EL TEMA

Génesis 11:1-9

La lectura de este pasaje tiene la intención de mostrar cómo la soberbia lleva a la confusión y nos distancia de Dios y los demás.

Puedes preparar una lectura especial de este pasaje. Elige con anterioridad al momento de la lección a cuatro jóvenes. Uno de ellos será el narrador del pasaje, otro representará a Dios y los otros dos a los hombres (será genial si al menos uno de ellos conoce otro idioma). Haz que la lectura se realice contando con la ayuda de una mesa. El narrador leerá sentado en el piso a un costado y el que lea lo que le corresponde a Dios esperará su turno parado sobre la mesa. Los que representen a los hombres comenzarán leyendo sentados en el piso en el versículo 3, pero al llegar al versículo 4 se sentarán sobre la mesa. Al momento de leer el versículo 6 y 7, aquel que lea la parte en que habla Dios se sentará en la mesa para bajar a confundir a los hombres. Una vez leído el versículo 7 y antes de que el narrador lea el 8 y el 9, los que representan a los hombres pueden hablarse en idiomas distintos, sentirse confundidos y abandonar molestos la escena. Luego de esto el narrador concluirá la lectura.

Preguntas:

1. ¿Cuál es el apuro de Dios por interrumpir la obra de los hombres? _____

2. En medio del elogio a la perseverancia humana (v. 6), Dios decide que la obra quede inconclusa. ¿Por qué lo habrá hecho? _____

LECCIONES *Bíblicas Creativas* | **GÉNESIS**

3. ¿Qué es lo que le molesta a Dios? ¿Qué lo preocupa? ....

4. ¿Qué querrá Dios que aprendan los seres humanos con esta lección? ....

En medio de la soberbia, nace la confusión. Cuando el hombre alimenta la competencia con el combustible de la soberbia, tarde o temprano la consecuencia es la confusión. Lo que puede iniciarse como un esfuerzo común, termina convirtiéndose en una competencia de todos contra todos. Si buscamos a Dios en humildad, lo encontraremos y profundizaremos nuestro entendimiento de los demás. Si elegimos el camino de la soberbia, nunca lo hallaremos y en el camino será muy difícil superar los conflictos con los demás, simplemente porque no nos entenderemos.

Decídete por la humildad y encontrarás como consecuencia el entendimiento con los demás.

Decídete por la soberbia y encontrarás como consecuencia la confusión que genera la competencia desmedida y que deriva en la falta de comprensión de Dios y tu prójimo.

GÉNESIS 11: «Constructora soberbia»

Sección cuatro: ¿CÓMO SE RELACIONA ESTO CONMIGO?

Actividad: «¿Cuál es el camino?»

Arregla previamente a la lección que los jóvenes que leyeron la parte en que hablan los hombres prolonguen ahora la charla sin sentido, dramatizando que intentan entenderse hablando idiomas distintos. Pídeles que ahora se muestren no solo confundidos, sino molestos, enojados. Será genial que comiencen a actuar a una señal tuya, sorprendiendo a los demás.

Luego realiza estas preguntas:

1. ¿Cómo podrían estos dos llegar a entenderse? _____

2. ¿Qué hace falta para aprender un idioma o cualquier otra cosa en la vida? _____

3. ¿Cómo les va a los soberbios a la hora de aprender? ¿Por qué? _____

4. ¿Cómo podemos combatir la soberbia en nuestra propia vida? _____

Las diferencias con Dios o los demás nunca se resuelven haciendo uso de la soberbia.

Esta siempre termina produciendo mayor confusión. Para aprender es necesario adquirir paciencia y constancia, pero sobre todo humildad, esa que nos permite aceptar que necesitamos ser enseñados. Ese es el camino hacia la comprensión y también el camino a un encuentro profundo con Dios.

No sabemos si los hombres de Babel aprendieron la lección, pero hoy nos toca preguntarnos si estamos dispuestos a aprenderla nosotros.

Sección cinco:
CIERRE

«Pero él nos da mayor ayuda con su gracia. Por eso dice la Escritura: "Dios se opone a los orgullosos, pero da gracia a los humildes"» (Santiago 4:6).

lección 5

GÉNESIS 13

«Codicia o generosidad»

GÉNESIS 13: «Codicia o generosidad»

Sección uno: INTRODUCCIÓN

Abordar correctamente un conflicto es uno de los desafíos de las relaciones. El objetivo de esta lección es reflexionar sobre las decisiones que tomamos frente a los conflictos de intereses que se presentan en nuestra vida. Abram y Lot tuvieron que hacerlo con relación a la pastura de sus ganados, y cada uno eligió una manera distinta de actuar. Al estudiar este capítulo, podremos pensar sobre esto y observar cómo Dios continuó acompañando a Abram.

Actividad: «Dos perros por un hueso»

La intención de este juego es ayudar a los jóvenes a reflexionar sobre la tendencia humana a competir codiciosamente cuando se presenta un conflicto de intereses (dos o más personas pretenden lo mismo).

Separa al grupo en dos equipos y pídeles que se formen en dos filas enfrentadas y separadas entre sí. El campo que se genera entren las filas requiere la magnitud necesaria para que sea posible correr hasta el centro con el objetivo de alcanzar un elemento determinado. Luego numera de manera igual a ambos equipos. Será necesario que haya la misma cantidad de participantes en ambas formaciones. Elije un elemento suave como una pelota para bebé o una hecha de trapo, o con papel de diario y cinta adhesiva. Este será el objeto por el que ambos equipos disputarán. Una vez hecho todo esto, párate en el centro con la pelota o el elemento en tu mano, y en el momento de dejarlo caer, di un número de los asignados a los participantes. El número que menciones determinará qué miembro de cada equipo correrá hasta el centro con el objetivo de llegar antes que su adversario a fin de conseguir el elemento en cuestión. El que llegue primero y logre el objetivo le proporcionará un punto al equipo del que forma parte. Si el campo es cuadrado, puedes separar al grupo en cuatro equipos o también podrías mencionar más de un número a la vez. Esto aumentaría el número de jugadores disputándose el objeto deseado.

Preguntas

1. ¿Quién gana este juego? ¿Cuál debe ser tu actitud si deseas ganar?

2. ¿Encuentras alguna relación entre este juego y la vida misma?

3. ¿Qué relación existe entre la conducta de los participantes del juego y la manera de actuar de las personas en la sociedad? ¿Cuáles son las similitudes o diferencias?

4. Si haces memoria, ¿puedes recordar alguna anécdota, tuya o de otros, en la que una persona o varias se comportaron frente al conflicto de intereses de la misma manera que los participantes del juego? (Te recomendamos que tengas una anécdota de tu parte preparada por si no surge ninguna proveniente de los jóvenes.)

En el libro de Génesis se cuenta sobre un conflicto de intereses donde dos grupos de pastores luchaban por un mismo terreno para sus animales. Ellos bien podrían parecerse a ustedes jugando a «Dos perros por un hueso». Veamos cómo se resolvió el conflicto.

GÉNESIS 13: «Codicia o generosidad»

Sección dos:
ADENTRÁNDONOS EN EL TEMA

Lee Génesis 13. La intención es conocer su contenido y reflexionar sobre la forma en que Abram y Lot participaron en la resolución del conflicto, observando también cuáles fueron las consecuencias y cómo Dios continuó obrando.

Elige a dos jóvenes que puedan leer el pasaje en dos versiones diferentes de la Biblia. Pídeles que inicien la lectura compitiendo entre sí para hacerse oír (es decir, que lean al mismo tiempo). Luego, cuando ya sea insoportable, anima al grupo a elegir una versión y distribuye la lectura entre varios. Puedes también pedirle a algunos que sigan la lectura desde la otra u otras versiones para brindar algún aporte.

Preguntas:

5. ¿Qué nos dice la Escritura sobre la actitud de Abram con Dios? (v. 4). _____
_____
_____

6. ¿En qué consistía el conflicto que se desató entre los pastores de Abram y los de Lot?
_____
_____

7. ¿Qué le preocupaba a Abram a la hora de considerar el conflicto y buscar una solución? (v. 8). _____
_____

8. ¿Cuál fue la propuesta de Abram? _____
_____

LECCIONES *Bíblicas Creativas* | **GÉNESIS**

9. ¿Por qué crees que Abram habrá tenido esa actitud hacia su sobrino?

10. ¿Cómo definirías la actitud de Abram? Si tuvieras que elegir una sola palabra para hacerlo, ¿cuál sería?

11. ¿Cómo definirías la actitud de Lot? Si tuvieras que elegir una sola palabra para hacerlo, ¿cuál sería?

12. ¿Cómo continuó la vida de Lot? ¿Dónde terminó? (vv. 22-23).

13. ¿Cómo continuó la vida de Abram y su relación con Dios? ¿Cómo termina el capítulo?

El capítulo comienza y termina con Abram haciéndole un altar a Dios. La confianza de Abram no está puesta en lo verde de los campos para la pastura. Su confianza está en Jehová. El patriarca sabe que puede descansar en el hecho de que Dios siempre hará justicia con él. Debido a su amor por Lot y su Señor, y a que su fe estaba puesta en Jehová, Abram es generoso con su sobrino. Lot eligió los campos más verdes, apostó su éxito a las mejores pasturas para su ganado, y se despidió de su tío confiando en su propia habilidad para enriquecerse. Su codicia lo llevó a poner sus tiendas entre gente que pensaba de una manera muy parecida a la de él y que ya habían formado toda una cultura centrada en la competencia, la codicia y el egoísmo.

El tío siguió permaneció siendo fiel a Dios. Le hizo un altar a Jehová antes y después de la aparición y la resolución del conflicto. Puso su confianza en el Creador de las vacas, las ovejas, los pastos y todo lo demás. Prefirió evitar el altercado, no entrar en un pleito. Fue generoso con Lot, y Dios lo fue con él.

GÉNESIS 13: «Codicia o generosidad»

Sección tres: ¿CÓMO SE RELACIONA ESTO CONMIGO?

Actividad: «Si supieras que...»

El objetivo de esta dinámica es pensar cómo actuamos frente a situaciones conflictivas y cómo deberíamos actuar si depositamos nuestra confianza en Dios.

Preséntales a los jóvenes las situaciones conflictivas hipotéticas que aparecen en la hoja «Si supieras que...» y espera que ellos respondan cómo actuarían. Luego dales la información adicional y vuelve a preguntarles cuál sería su decisión. Si el grupo es numeroso, divídelos en subgrupos de aproximadamente seis personas. Permite que ellos discutan cada caso.

Sección cuatro

Es cierto que es difícil ver venir los cambios en las condiciones de la vida. No sabemos qué será con exactitud lo que puede suceder más adelante. Sin embargo, hay algo que sí sabemos: Dios promete cuidar de nosotros siempre. Solo nosotros podemos estropear nuestro futuro. Con nuestras elecciones, consolidamos la relación con Dios o tomamos caminos que nos llevan a la confusión. Obedecemos a nuestro Señor y confiamos en su provisión y cuidado o procuramos el éxito por nuestros propios medios, tratando de conseguir lo que deseamos a cualquier costo.

Resolver los conflictos que se nos presentan pensando solo en nuestro propio beneficio e interés puede parecer el camino más rápido al éxito, pero una actitud egoísta y codiciosa estropea nuestras relaciones y nos deja vulnerables para el día en que necesitemos la ayuda de otros. Cuando somos egoístas y codiciosos terminamos solos o rodeados de personas de la misma especie. Esto le sucedió a Lot y a cualquiera que elige un camino parecido.

En el ejercicio generoso de dar desinteresadamente, Abram recibió más. Depositó su confianza en Dios y salió ganando. Creyó en las promesas que Jehová le había hecho y pudo verlas cumplidas en su vida.

Cierre

Invita a los jóvenes a meditar y memorizar el siguiente versículo: «Más bien, busquen primeramente el reino de Dios y su justicia, y todas estas cosas les serán añadidas» (Mateo 6:33).

GÉNESIS 13: «Codicia o generosidad»

Sección cinco: MATERIALES

Hoja «Si supieras que...»

1. La chica o el chico de tus sueños está delante de ti. Piensas en tu futuro con él o ella y no puedes apagar tu entusiasmo. El único obstáculo es que tiene un noviazgo con alguien con quien compartes una cierta amistad. Sabes que si te mueves con la habilidad y la discreción apropiada, puedes conseguir que te preste atención y deje a tu amigo o amiga a fin de iniciar una relación contigo. Solo es necesario moverse con cautela y sacar ventaja de cualquier situación oportuna.

    ¿Qué harías?

    Información adicional: En poco tiempo descubrirás que esa persona no es tan maravillosa como parece y que en tu camino pronto te cruzarás con alguien que sabrá como acompañarte en la vida, ayudándote a convertirte en un ser humano mejor.

    ¿Cuál sería tu decisión?

2. Llegas a casa con mucho apetito y en tu heladera hay lo necesario para una deliciosa y abundante merienda. Sabes que en media hora llegará tu hermano. Piensas: Si quiero satisfacer mi hambre, mejor que me apure antes de que llegue. Si te dejas llevar por tu deseo, no quedará nada para él.

    ¿Qué harías?

Información adicional: Durante tu ausencia hubo un prolongado corte en la energía eléctrica y algunos productos carecieron de su necesaria refrigeración. Comerlos le haría mucho daño a tu salud. Además, tu hermano llega con dos cupones de descuento para una conocida cadena de restaurantes que te fascina y tiene un local a solo unas cuadras de tu casa.

¿Cuál sería tu decisión? _____
_____

3. Eres un ganadero rico y poderoso. Tienes muchas vacas, ovejas y empleados. Compartes las tierras de pasturas con tu sobrino, que también tiene mucho, pero no tanto como tú. Las tierras no dan abasto para ambos y necesitan tomar caminos separados. Debido a tu poder y liderazgo familiar puedes elegir las tierras más verdes y ricas para ti y dejar a tu sobrino con la peor de las opciones. Sabes que la salud y la productividad de tu ganado depende de los mejores pastos.

¿Qué harías? _____
_____

Información adicional: Las mejores tierras están más habitadas y los vecinos no son de lo mejor, así que si eliges ese camino tu codicia te llevará a compartir la tierra con esas personas que influenciarán mal a tus hijos y siempre representarán una amenaza para tus negocios y hasta para tu vida. Por otro lado, Dios tiene planes para ti si le eres fiel, siendo una persona dispuesta a honrarlo. Si bendices con generosidad a los demás, él se ocupará de tus necesidades.

¿Cuál sería tu decisión? _____
_____

lección 6

GÉNESIS 16

«Atajos siniestros»

GÉNESIS 16: «Atajos siniestros»

Sección uno: INTRODUCCIÓN

La intención de esta lección es observar los inconvenientes de no esperar en Dios. Muchas veces intentamos solucionar los problemas o conflictos a nuestra manera, con nuestros recursos, según nuestras habilidades, y tarde o temprano descubrimos que si intervenimos sin que Dios nos lo pida, podemos generar una cadena de acontecimientos caóticos.

Actividad: «Dale tiempo»

El objetivo de esta dinámica es considerar la importancia de saber esperar los tiempos indicados, cultivando la paciencia y asegurando los mejores resultados. Puede servirte también para cambiar de ambiente en una serie de encuentros que vengas teniendo.

Si esta lección es parte de un programa de grupos pequeños, es decir, se lleva a cabo en el contexto de un colectivo reducido, como una célula o grupo en casa, te recomiendo que te reúnas un poco más temprano e inicies el encuentro en una cocina, elaborando dos bizcochuelos de esos que puedes comprar en cualquier supermercado y vienen en cajas. Guía a los chicos y muchachas a prepararlos juntos y pongan los dos al horno al mismo tiempo. Mientras estos se cocinan puedes proponer un juego sencillo que solo sirva como excusa para esperar el tiempo indicado. Deberás acordar previamente con alguien de tu equipo o uno de los participantes que se muestre ansioso e insista en sacar uno de los bizcochuelos de manera anticipada del horno. Puede que se genere una discusión en el grupo, pero en última instancia accede a la petición del supuesto ansioso y retira el bizcochuelo antes de tiempo. Aguarda a que el otro esté bien cocinado. Si no eres bueno en la cocina, busca la ayuda de alguien que sepa lo que hace.

El resultado de la experiencia será que uno de los dos bizcochuelos estará crudo e incomible, mientras que el otro estará cocido y delicioso.

Si esta lección se desarrolla en el marco de un grupo más numeroso, simplemente puedes llevar los bizcochuelos ya hechos y convidarlos a probarlos, esperando la reacción de los chicos.

Preguntas:

1. ¿Qué pueden decir de la experiencia o de los bizcochuelos que probaron?

2. ¿Por qué uno de los bizcochuelos resulta tan agradable a la vista y delicioso y el otro tan malo?

3. ¿Qué podríamos aprender a partir de esta experiencia?

4. ¿En qué otros aspectos de la vida resulta beneficioso tener paciencia y aguardar el tiempo correcto?

Algunas de las cosas de la vida requieren que sepamos esperar su tiempo propicio. Veamos ahora que pasó en este capítulo de Génesis debido a que los protagonistas de esta historia no supieron esperar lo necesario.

GÉNESIS 16: «Atajos siniestros»

Sección dos:
ADENTRÁNDONOS EN EL TEMA

Lee Génesis 16. El objetivo es conocer el contenido de este capítulo, observando las consecuencias de apurar humanamente procesos que requieren cumplirse en los tiempos divinos.

Puedes realizar una primera lectura del capítulo leyéndolo de manera acelerada. Hazlo de forma sorpresiva y espera la reacción de los chicos. Luego simplemente enfatiza lo difícil que puede ser entender con profundidad el contenido del capítulo leyéndolo de ese modo. Entonces léelo de manera pausada o dramatizada, repartiendo los roles entre los participantes.

Preguntas:

1. ¿Qué era lo que tanto anhelaban Abram y Saray? ¿Qué sucedía con sus sueños?
   _____
   _____

2. ¿Cuál era la promesa de Dios al respecto? _____
   _____

3. ¿Por qué crees que Dios hizo esperar tanto a Abram y Saray? _____
   _____

4. ¿Cuál fue la estrategia de Saray para tener un hijo? _____
   _____

5. ¿Cuáles fueron las consecuencias? (vv. 4, 5 y 6). _____
_____
_____

No sabemos por qué Dios aguardó tanto para cumplir su promesa. Podemos especular, pensando que deseaba enseñarlos a tener paciencia, o quería aguardar a que fuera imposible que Abram y Saray pudieran tener hijos para luego mostrar su absoluto poder. Sin embargo, lo que sí sabemos es que Dios siempre tiene buenas razones para hacer lo que planea.

Y también sabemos que la promesa era que el hijo sería de Abram y Saray, de modo que cualquier otra cosa no era lo que Dios había hablado con Abram. Saray pensó que podía hacer las cosas a su manera, Abram accedió, y Agar al parecer no tuvo elección. Las consecuencias fueron muy tristes. Aquella decisión sembró la discordia, que luego se transformó en pleito y caos.

Si consideras que debes obtener algo o algún suceso debe tener lugar en tu vida, da los pasos que debas dar y espera con fidelidad por Dios. Él nunca falla. Si es bueno para tu vida, llegará en el tiempo apropiado siempre que seas constante en obedecer a Dios. Si decides tomar atajos humanos para apresurar el momento, seguro que ocurrirá algo parecido a lo de la historia de este capítulo de Génesis. Los atajos de este tipo suelen nacer en un corazón egoísta y sus resultados pueden herir a muchas personas... incluyéndote a ti.

GÉNESIS 16: «Atajos siniestros»

Sección tres: ¿CÓMO SE RELACIONA ESTO CONMIGO?

Actividad: «La caja sorpresa»

La idea de esta dinámica es poder ayudar a los chicos a reflexionar sobre la paciencia, la obediencia y la constancia.

Compra una caja de golosinas y envuélvela para regalo de manera que no se sepa cuál es su contenido. Muéstrasela a los participantes con la promesa de que le obsequiarás su contenido al grupo en el próximo encuentro si pueden contarte cinco acciones de servicio que hayan realizado a lo largo del tiempo de espera.

Preguntas:

1. ¿Algunos se sienten intrigados?

2. Si pudieran hacer lo que quisieran, ¿qué harían con este regalo que les estoy ofreciendo?

3. Pensemos un poco. ¿Qué cosas les gustaría tener o que ocurrieran en sus vidas? ¿Cuánto faltará para que ocurran o puedan obtenerlas?

4. ¿Creen que Dios desea lo mismo que ustedes al respecto? ¿Por qué?

5. ¿Qué atajos podrían tomar para lograrlo anticipadamente? ¿Qué creen que ocurriría? _____
_____

6. ¿Qué creen que espera Dios de ustedes mientras aguardan a que eso que desean se haga realidad en su vida? _____
_____

Mientras sucede lo que esperas, debes mostrar obediencia y paciencia. Permite que Dios trabaje en tu vida, formando tu carácter y haciéndote una persona constante. Los premios de Dios pueden tardar un poco más, pero siempre son los mejores. Cuando llegan, son dignos de ser celebrados. Y durante el tiempo de espera, él trata contigo convirtiéndote en una mejor persona. No tomes atajos humanos. Espera en tu Señor, no hagas nada que vaya en contra de su voluntad. Habla con él, únete a sus deseos y podrás ver lo mejor ocurriendo en tu vida.

Sección Cuatro:
CIERRE

Invita a los jóvenes a meditar y memorizar en el siguiente versículo: «Su señor le respondió: "¡Hiciste bien, siervo bueno y fiel! En lo poco has sido fiel; te pondré a cargo de mucho más. ¡Ven a compartir la felicidad de tu señor!"» (Mateo 25:21).

lección
7

GÉNESIS 18

«Diálogo entre amigos»

GÉNESIS 18: «Diálogo entre amigos»

Sección uno: INTRODUCCIÓN

Esta lección tiene la intención de ayudar a los jóvenes a ver el aspecto relacional de Dios. El Creador del universo llega hasta el ser humano. Tiene el deseo de entablar una relación franca, que incluye el diálogo sincero y el amor. El Señor de todas las cosas desciende al nivel de los simples mortales, se sienta a comer con ellos y entabla una charla accesible a nuestra limitación humana.

Actividad: «Matemática para principiantes»

El objetivo de esta dinámica es ayudar a los jóvenes a ver la dificultad que tenemos para comprender las cuestiones complejas de la vida y el universo. Dios, que no tiene problemas para comprender nada, en su inmenso amor toma la iniciativa de entablar un diálogo con nosotros, aun cuando para que esto ocurra deba salvar los obstáculos de nuestra limitación.

Desafía a los jóvenes a explicar de manera breve y clara, de una forma que pueda entenderlo un niño de siete u ocho años, en qué consiste la operación matemática de la multiplicación. Si se trata de un grupo numeroso, podrías armar varios subgrupos para que respondan al desafío y luego hacer una presentación en común.

Preguntas:

1. ¿Están satisfechos con la manera que hallaron para poder explicarle la multiplicación a un niño de siete u ocho años? (Si armaste subgrupos, podrás hacer que se evalúen entre ellos.)

2. ¿Cuál es el obstáculo que debemos salvar para tener éxito y lograr que el niño nos comprenda?

3. Si resulta tan complejo que el niño comprenda, ¿por qué nos molestamos en explicarle?

4. ¿Qué será necesario que el niño entienda antes de asimilar la multiplicación?

5. ¿Encuentran alguna relación entre las conclusiones a las que llegamos y la relación entre el ser humano y Dios?

Todos tenemos habilidades distintas en diversos campos del conocimiento y la práctica. Por eso, es probable que algunos niños superen los obstáculos de este aprendizaje matemático antes que otros. Sin embargo, los procesos naturales del desarrollo humano hacen que la comprensión de las distintas realidades con frecuencia resulte compleja para todos nosotros. Mientras más compleja sea esa realidad, más difícil será entenderla y explicarla.

De hecho, algunas cuestiones, como la que acabamos de usar en la experiencia, requieren adquirir otros conocimientos de manera previa para poder ser comprendidas. Es necesario aprender a sumar para luego aprender a multiplicar.

Dios tiene que atravesar por algo parecido cuando intenta revelarnos verdades que

GÉNESIS 18: «Diálogo entre amigos»

él maneja de manera simple y cotidiana. Sin embargo, la Biblia nos muestra que, en su amor tan grande, se toma su tiempo, ejercita su paciencia y establece un diálogo con sus criaturas, a fin de hacer crecer la relación con nosotros y ayudarnos a conocer sus planes. Por eso es importante que nosotros también sepamos esperar los tiempos de la enseñanza de Dios, que en su inmensa sabiduría y conocimiento sabe perfectamente cuál es la mejor manera que debe usar para que aprendamos.

Veamos qué hicieron los protagonistas del capítulo 18 de Génesis frente a esta iniciativa de Dios.

Sección dos:
ADENTRÁNDONOS EN EL TEMA

Lee Génesis 18. Estudiamos este capítulo para conocer su contenido y observar cuál es la actitud de los protagonistas de esta historia frente a la relación con Dios. La indiferencia, la rebeldía, la incredulidad, el miedo, la fe y la amistad se presentan como alternativas a elegir ante la invitación de Dios a hacernos parte de sus planes de amor.

Este es un capítulo donde se dibujan tres escenas que resultan más que interesantes y deben ser observadas:

1. El diálogo de los tres varones con Abraham sobre el nacimiento de Isaac (vv. 1-15).?

2. La revelación de Dios a Abraham sobre sus planes de destruir Sodoma y Gomorra, aún con los varones presentes (vv. 16-22).

3. El diálogo en el que Abraham se queda a solas con Jehová e intercede por las ciudades.

En las dos primeras escenas los varones son tres, pero la Biblia muestra por momentos que el diálogo es entre Abraham y Dios solamente. Tal cosa resulta confusa y misteriosa. Este es uno de los misterios de Génesis que no podemos responder con certeza, pero lo que está claro es que a lo largo de todo el capítulo se evidencia una charla entre amigos: un simple hombre mortal y el Amo absoluto del universo.

GÉNESIS 18: «Diálogo entre amigos»

El pasaje brinda una oportunidad fantástica para leerlo en un formato dramatizado, o al modo de un radioteatro con efectos de sonido y todo. Puedes pedirle a un grupo de jóvenes que lo preparen especialmente para el día de la lección u organizarlo previamente con tu equipo de trabajo.

Preguntas:

1. ¿Cómo recibió Abraham a los tres varones presentes en el relato? ¿A qué crees que responde tanta amabilidad?

2. ¿Cuál fue la promesa que los varones le confirmaron a Abraham?

3. ¿Cuál fue la reacción de Sara al oír la promesa de boca de los varones? (v. 12).

4. ¿Cuál fue la emoción en Sara luego de que los varones la confrontaron? (v. 15).

5. ¿Qué hicieron los varones luego de ser tratados con toda aquella amabilidad y cuál fue la reacción de Abraham? (v. 16).

6. ¿Qué es lo que Dios está por hacer? ¿Por qué decide contárselo a Abraham? (vv. 17-21).

    ¿En qué cosiste el diálogo entre Abraham y Dios a partir del v. 23?

7. ¿Cómo describirías la actitud de Abraham? _____
_____

8. ¿Cómo describirías la actitud de Dios? _____
_____

9. Piensa en la actitud de los habitantes de Sodoma y Gomorra, así como de Sara y Abraham, frente a la relación con Dios. Si tuvieras que usar una sola palabra para definirlas, ¿cuáles serían las tres palabras? _____
_____

10. ¿De qué manera podemos crecer en nuestra relación con Dios? _____
_____
_____

Dios desea entrar en diálogo, quiere establecer una profunda, natural y espontánea relación con nosotros. Desea enseñarnos el camino a seguir y comunicarnos sus planes. Así lo hizo con Abraham y así lo quiere hacer con cada uno de sus hijos. La oración es el recurso privilegiado para entrar en contacto con el Creador. Los habitantes de Sodoma y Gomorra eligieron la indiferencia y la rebeldía, Sara la incredulidad y el miedo.

El desafío es dejar atrás esas actitudes y abrazar la fe y la fidelidad de Abraham. La actitud de este hombre nos abre las puertas a una intensa y profunda amistad con el ser más maravilloso del universo.

GÉNESIS 18: «Diálogo entre amigos»

Sección tres: ¿CÓMO SE RELACIONA ESTO CONMIGO?

Actividad: «Una golosina con Dios»

Regálale una golosina a cada joven del grupo. Si son pocos, puedes hacer una investigación previa para averiguar cuál es la favorita de cada uno de ellos y darles esa. Una vez que lo hagas, bríndales la oportunidad de hablar con Dios a solas mientras disfrutan de su golosina. Puedes bromear haciendo referencia a que no es lo mismo que el becerro tierno que Abraham le ofreció a los varones, pero que hoy ese dulce será un buen sustituto. Desafíalos a buscar un espacio aislado o permanecer lo más separados posibles a fin de orar en soledad. Invítalos a que contemplen si deben confesar su indiferencia o rebeldía, pedir ayuda frente a su posible miedo o incredulidad, y hacer frente a Dios la decisión de crecer en una relación de amor con él, en fe y fidelidad. Desafíalos a tomarse su tiempo.

En la semana puedes hacer un seguimiento pastoral acerca de cómo les fue con la experiencia.

Cierre

Invita a los jóvenes a meditar y memorizar en el siguiente versículo: «Ya no los llamo siervos, porque el siervo no está al tanto de lo que hace su amo; los he llamado amigos, porque todo lo que a mi Padre le oí decir se lo he dado a conocer a ustedes» (Juan 15:15).

lección 8

GÉNESIS 20

«El recurso peligroso»

GÉNESIS 20: «*El recurso peligroso*»

Sección uno: INTRODUCCIÓN

Esta lección tiene como objetivo ayudar a los jóvenes a descartar el engaño como recurso para tener éxito en la vida.

Actividad: «Múltiples opciones de recursos»

Esta dinámica tiene la intención de jugar con los jóvenes mientras pensamos en los recursos a los que recurrimos en circunstancias hipotéticas. (Usa la hoja «Múltiples opciones de recursos».)

1. Llegas a la escuela y tus compañeros te recuerdan que en la tercera hora tienes el examen de matemáticas que define tu nota final ¡Lo habías olvidado por completo y no te preparaste en lo absoluto! El pronóstico sobre tu nota es muy desalentador.

   - Das por perdido el examen y te sometes a hacer lo mejor que puedas. ○
   - Te propones llevar a un repaso rápido en el recreo, buscando mejorar tus condiciones para el examen. ○
   - Buscas la forma más discreta de copiar para obtener la nota deseada. ○

2. Tu madre te ha dicho en repetidas oportunidades que no hagas rebotar ni lances la pelota dentro de la casa. Al llegar a tu hogar luego de tu entrenamiento, lanzas la pelota contra el suelo, pierdes el dominio de la misma, esta rebota sobre el respaldo del sofá, golpea contra el cielorraso y da de lleno contra un espejo. Este se desengancha de la pared y cae estrepitosamente al suelo haciéndose pedazos.

- Responsabilizas al gato del vecino, que de manera misteriosa entró a tu casa y tiene una obsesión por observar su propio reflejo. ○

- Te muestras sorprendido por el suceso, alegando que al llegar a tu casa el espejo ya estaba roto en el piso por causas imposibles de comprobar. ○

- Pides disculpas, reconociendo tu error y asumiendo los costos de restitución del espejo. ○

3. En una charla con el chico o la chica que te gusta, con quien quieres quedar más que bien, él o ella te cuenta que detesta a las personas que pasan muchas horas enfrascadas en los videojuegos. Piensas en el tiempo que tú inviertes en esa actividad y te preguntas cuánto será mucho.

- Le haces la pregunta a él o ella y te enteras a qué se refiere cuando dice muchas horas. ○

- Le dices lo mal que te cae esa gente y le comentas cuánto disfrutas de los documentales por la televisión, que sabes que a él o ella le fascinan. ○

- Admites el tiempo que inviertes en los videojuegos y profundizas la charla para saber por qué le molesta tanto a él o a ella la gente que pasa demasiadas horas jugándolos. ○

4. Una amiga comenta en una charla entre amigos confidentes algo muy íntimo e importante para ella. En un descuido al conversar con otras personas revelas la información que tu amiga había pedido que fuera guardada. Lo lamentas profundamente ni bien se escapa de tu boca, pero ya es tarde. Ella se entera de la indiscreción y se entristece e indigna muchísimo.

- Muestras una falsa indignación y te unes a ella, fingiendo sospechar de alguno de los otros amigos presentes cuando ella compartió el asunto, pero insistiéndole en que sepa comprenderlos y explicándole que seguramente no lo han hecho a propósito. ○

GÉNESIS 20: «El recurso peligroso»

- Admites tu error y pides mil disculpas por tu indiscreción. ○
- Lo compartes con el resto de los amigos confidentes y les pides consejo de cómo proceder. ○

Preguntas:

1. ¿Qué nos ayudan a pensar estas múltiples opciones que hicimos? _____
   _____

2. ¿Te has descubierto alguna vez utilizando el recurso del engaño o la mentira para tener éxito frente alguna circunstancia? _____
   _____

3. ¿Recuerdas cuáles fueron las consecuencias? _____
   _____

La mentira, o el engaño, muchas veces parece el recurso más efectivo en determinadas circunstancias. En incontables ocasiones creemos que recurrir a esta herramienta no tendrá ninguna consecuencia negativa. Veamos cómo le fue al protagonista de este capítulo de Génesis cuando decidió mentir para escapar de una situación que él consideraba peligrosa.

Sección dos:
ADENTRÁNDONOS EN EL TEMA

Lee Génesis 20. La intención de esta lectura es la de conocer el contenido de este capítulo, observando cuál fue la experiencia de Abraham al usar la mentira como recurso.

Para esta lectura puedes preparar una versión mentirosa y hacer que alguien la lea desde el frente en voz alta. Puedes separar a los participantes en subgrupos y generar alguna competencia en la que, con la Biblia abierta, vayan descubriendo las mentiras que surgen en la lectura. Usa caramelos como premio.

Ejemplo: En el versículo 1, el texto mentiroso podría decir: «Abraham se quedó a vivir entre Bogotá y Medellín». Los jóvenes o los distintos subgrupos podrán competir descubriendo la mentira y revelando que en realidad Abraham se quedó a vivir entre Cades y Sur. De esa manera continuarás trabajando la temática elegida (la mentira y sus consecuencias) y generarás una profunda atención hacia el contenido del pasaje.

Preguntas:

1. ¿Cuál fue la mentira de Abraham? ¿Por qué eligió la mentira como recurso?

2. ¿Cuáles fueron todas las consecuencias de su mentira? (vv. 2, 3, 7 y 18).

GÉNESIS 20: «El recurso peligroso»

3. ¿Quiénes terminaron sufriendo las consecuencias de la mentira de Abraham? (vv. 2, 3, 7 y 18).

4. ¿Quién tuvo que intervenir para solucionar el conflicto que provocó la mentira de Abraham? (v. 3).

5. ¿Cómo se justifica Abraham cuando es descubierto y confrontado por Abimélec? (v. 12).

6. ¿Qué habrá motivado a Abraham a usar la mentira como recurso?

7. ¿Era necesaria la mentira de Abraham? ¿Por qué?

8. ¿Se justifica la acción de Abraham al usar la media verdad de que Sara era su media hermana?

9. Al final, ¿fue la mentira lo que protegió a Abraham u otra cosa?

10. Dios había hecho una promesa de protección y cuidado con respecto a la vida de Abraham. Sus temores, aunque humanamente lógicos, eran injustificados, ya que Dios cumple sus promesas. ¿En qué depositó su confianza Abraham? ¿En quién debería haberla depositado?

11. ¿En qué decidimos nosotros depositar nuestra confianza?

Cuando confiamos en la mentira, depositamos nuestra confianza en nuestra propia habilidad para solucionar las cosas, porque la mentira siempre exigirá tu habilidad al máximo. Cultivar esta destreza puede producir que te conviertas en un experto del ocultamiento. Esta es un arte oscura, con todo lo malo que implica, y existen diversos ejemplos en la historia de que no ha existido nadie lo suficiente bueno como para mantener algo oculto para siempre. Las consecuencias de la mentira pueden llegar a ser incalculables y los perjudicados numerosos. Podemos vernos obligados a inventar nuevas mentiras para cubrir las anteriores y generar una cadena inagotable de engaños que a veces hasta será difícil de recordar. Las mentiras tarde o temprano se descubren, provocando que perdamos crédito delante de otros, sin mencionar la vergüenza a la que quedamos expuestos. Este es un recurso absurdo para usar, en especial cuando Dios promete su respaldo y protección para los que confían en él y su verdad.

GÉNESIS 20: «El recurso peligroso»

Sección tres: ¿CÓMO SE RELACIONA ESTO CONMIGO?

Actividad: «El drama de la mentira»

Invita a los chicos a crear una breve dramatización de una situación de engaño. Proponles que la escena contenga la explicación del engaño y que se puedan observar las consecuencias. Hazles también el desafío de que piensen y representen cómo todo debería resolverse correctamente. Puede tratarse de una historia ficticia o una anécdota de sus propias vidas. Si el grupo es numeroso, convendrá subdividirlo. Pueden formarse subgrupos de cinco o seis jóvenes cada uno, y si es multitudinario, podrías hacer que los subgrupos se organicen por parejas y se muestren sus representaciones entre sí, elaborando las conclusiones con la ayuda de coordinadores.

Preguntas:

1. ¿Cuáles son las posibilidades de ponerle fin a una situación de engaño?

2. Si fueras la persona que llevó a cabo el engaño, ¿cómo preferirías ser descubierto? ¿Por la denuncia de un tercero o una confesión personal?

3. No es necesario que respondas en público, pero sí que lo pienses y actúes en consecuencia. ¿Habrá algo que requiera de tu confesión y reparación?

Tarde o temprano los engaños se descubren. Estos quedan expuestos porque las circunstancias o un tercero los ponen a la vista... o porque valientemente confiesas tu falta y trabajas para reparar las consecuencias de tu mentira. La Biblia nos anima a usar la confesión, caminando en la luz y la verdad. Esta última alternativa ayuda a que puedas recuperar la confianza de los demás en lo que respecta a tus palabras y acciones, y te muestra humilde, noble, valiente y con deseos de mejorar para crecer como persona.

GÉNESIS 20: «El recurso peligroso»

Sección cuatro:
CIERRE

Lee Lucas 8:17: «No hay nada escondido que no llegue a descubrirse, ni nada oculto que no llegue a conocerse públicamente».

Invita a los jóvenes a meditar en el siguiente pasaje y termina con una oración:

«Éste es el mensaje que hemos oído de él y que les anunciamos: Dios es luz y en él no hay ninguna oscuridad. Si afirmamos que tenemos comunión con él, pero vivimos en la oscuridad, mentimos y no ponemos en práctica la verdad. Pero si vivimos en la luz, así como él está en la luz, tenemos comunión unos con otros, y la sangre de su Hijo Jesucristo nos limpia de todo pecado. Si afirmamos que no tenemos pecado, nos engañamos a nosotros mismos y no tenemos la verdad.

lección
9

GÉNESIS 21

«Una esclava, dos naciones y su gracia»

GÉNESIS 21: «Una esclava, dos naciones y su gracia»

Sección uno: OBJETIVO

El propósito de esta lección es hacer un análisis de la libertad que proviene solo de la gracia de Dios, la preeminencia de su voluntad frente a los planes humanos, y la incondicionalidad de su misericordia, aun para los rechazados.

Introducción

1. Elabora fichas que contengan las siguientes preguntas:

. ¿Cuál es el sueño más grande que tienes (y consideras imposible de cumplir)? _____
_____
_____

. ¿Cuál ha sido tu actitud cuando has sido rechazado o con alguien más que esté siendo rechazado? _____
_____

. ¿Has roto algún reglamento o norma últimamente? ¿Cómo te sentiste al respecto? _____
_____

2. Entrégale una ficha a cada asistente y quédate tú con una para contestarla. Pídeles que, sin escribir sus nombres, respondan con mucha honestidad cada pregunta que encuentren.

3. Después de algunos minutos (no más de cinco), lee tus propias respuestas. Debes orientar este paso a generar confianza, así que usa tu sentido común en los relatos que las respuestas generen.

4. Puedes preguntar si alguno de los asistentes quiere leer sus respuestas en público.

5. Indícales que guarden las fichas con sus respuestas, pues volverán a usarlas en el cierre de la lección.

GÉNESIS 21: «Una esclava, dos naciones y su gracia»

Sección dos: HECHOS RELEVANTES

- El cumplimiento del propósito de Dios por encima de la capacidad humana.
- Dios bendice a una «esclava».
- La libertad de la gracia frente a la esclavitud de la ley.

Adentrándonos en el tema

El cumplimiento del propósito de Dios por encima de la capacidad humana:

1. Lean juntos Génesis 21:1-8. Debes hacer un recuento del tiempo que Abraham llevaba esperando un hijo junto con Sara, su esposa, aun cuando ya eran ancianos, lo cual era el inicio del cumplimiento de la promesa que Dios le había dado. Como base, anotamos aquí algunos acontecimientos que es importante mencionar después de esta lectura en Génesis.

    - Saray era estéril.
    - Abram tenía setenta y cinco años cuando salió de su tierra hacia Canaán (Génesis 12:4).
    - Abram tenía ochenta y seis años cuando nació Ismael, un hijo de él y Agar, la esclava de Saray (Génesis 16:16). En aquellos tiempos, esta acción de Saray de dar a su esclava para que tuviera un hijo con su esposo era una costumbre permitida para las mujeres que como ella no podían concebir.

¡Así que la idea de Saray no era pecaminosa ni descabellada! Sin embargo, la promesa de Dios los incluía a ambos. Debemos entender que, sin duda alguna, era muy complicado creer que Saray podría ser madre, puesto que biológicamente resultaba imposible. En realidad, la edad de ambos era ya muy avanzada y además habían transcurrido once años desde la promesa que Dios le hiciera a Abram, de modo que cada día se afianzaban más las limitaciones humanas de ambos para concebir e iniciar una gran nación. Esto nos hace conscientes de la condición limitada de la mente humana frente a las promesas sobrenaturales de Dios. Como consecuencia inmediata de esta acción, vemos el cambio de actitud de Agar hacia Saray, la esposa de Abram, y por ende el mal trato de Saray hacia su esclava (Génesis 16:4-6).

- Abram tenía noventa y nueve años y Saray, su esposa, noventa cuando Dios les cambia el nombre (a Abraham y Sara, respectivamente) y les promete a Isaac, su hijo (Génesis 17:17-19). Después del nacimiento de Ismael, el Señor vuelve a presentarse ante Abram, diciéndole que él y su esposa concebirán un hijo por medio del cual Dios cumpliría su promesa y establecería su pacto. ¡En ese momento, creer era más complicado que hacía una década!

Debes hacer énfasis en la imposibilidad de esta pareja de ancianos de cumplir sus sueños frente a una promesa de un acontecimiento sobrenatural. Abraham y Sara estaban enfrentando una batalla campal entre el pensamiento humano, que tiende a pensar de forma natural, y la fe que Dios estaba demandándoles para convertirse en padres de multitudes y cambiar la historia de la humanidad hasta nuestros tiempos. Sin duda, quisieron volverse atrás, sin duda quisieron volver a la normalidad y vivir tranquilos durante sus últimos años, pero Dios ya había puesto sus sueños en el corazón de ambos, y sus ojos empezaron a ver aquello que nadie más veía. Así que ambos decidieron creer.

- Un año después del pacto de Dios con Abram, nace Isaac (Génesis 21:1-5). Aquí vemos cómo prevalecen los propósitos de Dios, aun cuando no existe nada «natural» que propicie el cumplimiento.

Dios bendice a una «esclava»

En una hermosa manifestación de la gracia de Dios, encontramos en medio de esta historia una segunda idea, la cual debemos hacer notar:

1. Lean todos juntos Génesis 16:5-11. En medio de una historia llena de fe y fidelidad a Dios, como la de Sara y Abraham, encontramos a Agar, un personaje «principal» casi antagónico, la esclava, la madre de Ismael. Ella no podía escoger si quería o no dormir con Abram, pues se trataba de una orden directa. Si concebía, su hijo no sería de ella, sino de la casa de sus «dueños». Esta mujer no tiene voz, no tiene derechos, y en estos primeros versículos ni siquiera tiene nombre. Es llamada por nuestros dos héroes de la fe de forma despectiva, como «la esclava».

Agar fue maltratada al punto de la desesperación y decide huir. Llena de necesidad, vergüenza y aflicción, sin derechos, sin justicia, sin un lugar a donde ir y embarazada. Era una mujer rechazada y sin valor para todo el mundo. Era solo una esclava. Sin embargo, hay un momento en que su historia cambia y es redimida por completo. Esto ocurre en su encuentro con el «ángel de Dios». Pregúntales a los asistentes:

. ¿Cómo la llama este personaje? consideras imposible de cumplir)?
_____

. ¿La ve y la juzga o la ve y la escucha?_____
_____

. ¿La condena como todos o la bendice?_____
_____

. ¿Qué orden le da el Señor a Agar?_____
_____

2. Lean ahora Génesis 16:13-14. El primer nombre con el que se designa al Señor en toda la historia de la humanidad es dado por una esclava, quien conoce a Dios en la forma que el mismo Abraham lo ve varios capítulos después (Génesis 22:14). Agar, la rechazada, conoce a un Dios lleno de gracia, que la ve, incluso antes que el héroe de la fe y padre de multitudes, Abraham. Hazles estas preguntas a los asistentes:

- ¿Qué implicaciones tiene eso en nuestro trato con los rechazados, pobres y necesitados de este tiempo?

- ¿Si Dios es el único que trata con respeto a «la esclava» en esta historia, cómo crees tú que Dios espera que tratemos al que está siendo rechazado?

La libertad de la gracia frente a la esclavitud de la ley

Agar, en el capítulo 16 de Génesis, vuelve a casa de sus señores y vive allí algunos años, hasta que después del nacimiento de Isaac ella junto con su hijo, ahora un jovencito, son expulsados de la casa de Abraham.

1. Lean juntos Génesis 21:8-20. Dios ya le había prometido a Agar una condición estable para ella, su hijo y toda su gran descendencia. En estos versículos, a pesar de la aflicción de Abraham por su hijo, ella es expulsada de su tierra. Sin embargo, Dios le recuerda su pacto y su misericordia acudiendo de nuevo al clamor de su «soledad y necesidad». Es posible que esto haya sido necesario para la expansión misma y el cumplimiento de la promesa de Dios, tanto para Isaac como para Ismael. Sin embargo, este mismo episodio de la historia es utilizado por Pablo en el Nuevo Testamento para ilustrarnos de nuevo lo maravilloso de la gracia de Dios.

2. Lean juntos Gálatas 3:26-29, Gálatas 4:21-23, Gálatas 4:28—5:4. En estos pasajes, Pablo compara a Agar, por su condición de esclavitud, con las leyes o normas humanas. Y a Sara con la libertad de esperar que nuestra adopción y justificación es por medio de la promesa. Pablo nos hace un llamado muy fuerte a recordar que no somos justos por cumplir leyes o normas humanas, sino a través de la promesa de Dios, de su propósito eterno. Tal hecho nos coloca a nosotros, tal como a Isaac, en posición de hijos y herederos de la salvación y la redención, las cuales no dependen de nosotros, sino de Dios. Esto ya ha sido consumado, así que nos corresponde entonces la libertad de acercarnos como hijos, porque esa es su promesa.

Sección tres: CIERRE

Pídeles a los chicos que vuelvan a tomar la ficha de preguntas con la que iniciamos y a partir de sus respuestas analicen lo siguiente:

1. Elabora una hoja que contenga un párrafo como este que se incluye como ejemplo, y después del párrafo, escribe las preguntas que encontrarás en esta página, de modo que cada asistente pueda contestarlas.

   > «Todos los acontecimientos que rodean el nacimiento de Isaac son milagrosos. Muchas veces tendremos que luchar con nuestra naturaleza, la cual nos dice que no podemos lograr aquello que soñamos. Es posible que sientas que no posees el perfil para ser alguien que transforme la historia; tal vez creas que no tienes dinero, que nadie te apoya o no tienes la edad para hacerlo. Sin embargo, a medida que busques tu fuerza en el poder incondicional de Dios, lograrás ver aquello que sueñas convertido en una realidad. Aunque ninguna circunstancia esté a tu favor, su propósito en ti se cumplirá. Ningún personaje bíblico poseía el perfil a fin de ser seleccionado para las tareas que Dios les asignó. Así que, cuando veas que humanamente no eres capaz, entonces vas por buen camino, porque Dios se encargará de ir contra todo pronóstico y convertir sus sueños en una realidad para ti».

2. ¿Estás buscando conocer y cumplir las leyes de Dios antes que las de cualquier doctrina?

3. ¿Qué dice Dios con respecto a tu capacidad para cumplir tus sueños?

GÉNESIS 21: «Una esclava, dos naciones y su gracia»

4. ¿Qué te enseñó Dios sobre tu condición delante de él cuando has sido rechazado o marginado?

5. ¿Estás dispuesto a acercarte al marginado y rechazado e interesarte por su historia tal como Dios lo hizo con Agar?

Sección cuatro:
SECCIÓN DE MATERIALES, RECURSOS E IDEAS

Materiales:

- Fichas con preguntas para cada asistente. (Ver sección de introducción.)
- Biblia
- Una hoja para cada asistente con la actividad de cierre impresa. (Ver sección de cierre.)
- Lapiceros

Canción recomendada: «Ruego» (Santo Remedio)

lección
10

GÉNESIS 22

«Nada mejor que la relación»

GÉNESIS 22: «Nada mejor que la relación»

Sección uno: INTRODUCCIÓN

Esta lección tiene la intención de que los jóvenes comprendan que ninguna bendición debería opacar o afectar negativamente —con desinterés, indiferencia o rebeldía— nuestra relación con Dios.

Actividad

Leer **«La gallina de los huevos de oro»**. El objetivo de esta actividad es comprender la experiencia superior que implica relacionarnos con Dios. Ninguna bendición supera al Dios de la bendición. Correr detrás de sus beneficios y olvidar la relación con él es uno de los errores más grandes de la humanidad.

Preguntas:

1. ¿Por qué el granjero mata a la gallina? _____
_____

2. ¿Era posible obtener los huevos de oro una vez muerta la gallina? _____
_____

3. ¿Qué es lo que el granjero cree, cuál era su hipótesis, para matar a la gallina? ___
_____

4. El granjero creyó que era posible gozar de las riquezas de la gallina prescindiendo de ella o eliminándola. ¿Puedes observar el absurdo? ¿Podrías encontrar un punto de contacto entre este cuento y la historia de la relación entre Dios y el ser humano?

El hombre, a lo largo de la historia, ha recibido de parte de Dios la vida, los recursos y las posibilidades. Sin embargo, ha creído que puede vivir de espaldas a él y aun así disfrutar de toda esa bendición. Aquellos que amamos a Dios sabemos que él es invencible, pero muchas veces olvidamos su existencia. En Argentina se suele usar una expresión: «Te mato con la indiferencia». En ocasiones intentamos hacerlo con Dios. Pretendemos disfrutar de las bendiciones, olvidándonos de disfrutarlo a él.

GÉNESIS 22: «Nada mejor que la relación»

Sección dos: ADENTRÁNDONOS EN EL TEMA

Lee Génesis 22. El objetivo es conocer el contenido del pasaje bíblico y trabajar en su comprensión y su implicación para nuestras vidas hoy.

Puedes proponerles a los jóvenes que la lectura sea dramatizada, eligiendo de entre ellos un narrador, alguien que encarne a Abraham, otro a Isaac y otro a Dios.

Preguntas:

1. ¿Qué sabía Dios acerca de la relación entre Abraham e Isaac? (v. 2). ¿Por qué le pediría Dios semejante cosa a Abraham a pesar de saber eso?

2. ¿Qué te parece la prueba por la que Dios hizo pasar a Abraham?

3. ¿Qué crees que habrá pensado Abraham?

4. ¿Qué crees que habrá querido Dios enseñarle a Abraham por medio de esta prueba?

5. ¿Cómo dice Dios que premiará la obediencia de Abraham? _____

¿Encuentras alguna relación entre esta historia de la Biblia y el cuento de la gallina de los huevos de oro? _____

Isaac era la bendición de Dios prometida y cumplida a Abraham, sin embargo, el Señor le impone una prueba que consiste en que esa bendición sea eliminada. El obrar de Dios parece extraño, pero luego terminamos por conocer sus intenciones: la renovación de su relación con Abraham, enseñándole el valor de la obediencia y la importancia de depender constantemente de su Creador. Dios le enseñó a Abraham que más importante que la bendición es el Señor de la bendición. Que más importante que correr encandilado detrás de la fortuna recibida es crecer en la relación con el Dios de todas las fortunas.

GÉNESIS 22: «Nada mejor que la relación»

Sección tres: ¿CÓMO SE RELACIONA ESTO CONMIGO?

Actividad: «La estatua de la bendición y la de la relación»

Invita a cuatro jóvenes al frente o al centro del grupo para que configuren dos estatuas vivientes.

1. Pídeles que en parejas conformen dos estatuas que simbolicen o se titulen «El encuentro con Dios». (Deja que el grupo opine sobre las configuraciones.)

2. A continuación, dales la instrucción de que las modifiquen por otras que simbolicen o se titulen «Recibiendo la bendición de Dios». (Deja que el grupo opine sobre las configuraciones.)

3. El paso siguiente será darles secretamente la consigna a una de las dos parejas para que conforme una estatua que represente o se titule «Encandilado con la bendición», y a la otra pareja una que se denomine «Me quedo con Dios». (Permite que el grupo evalúe de qué se tratan las estatuas y qué es lo que representan, descubriendo de una vez su significado.)

4. Piensen en una lista de cosas que recibimos de parte de Dios y que nos costaría perder o ceder. Dialoguen sobre la posibilidad de que Dios nos pida dejar algunas cosas que entendemos como bendición para que caminemos en su voluntad. Este paso podría concluirse entregando en oración todas aquellas cosas que fueron nombradas.

5. Dialoguen sobre que puede ocurrir cuando alguien valora más a Dios que a la bendición.

Cierre

Es mejor abrazar al Señor de la bendición que quedar encandilados por la bendición misma. Cuando aprendemos a dar con generosidad de lo que Dios nos obsequia, compartiéndolo con otros u ofrendándolo desinteresadamente a nuestro Señor, a corto o largo plazo veremos cómo Dios nos recompensa. Mientras tanto, seguiremos recibiendo la más grande de todas las bendiciones: la mismísima oportunidad de ser amigos de Dios.

Desafía a los jóvenes a meditar y memorizar este versículo: «Así se cumplió la Escritura que dice: "Le creyó Abraham a Dios, y esto se le tomó en cuenta como justicia", y fue llamado amigo de Dios"» (Santiago 2:23).

lección 11

GÉNESIS 38

«Judá y Tamar»

GÉNESIS 38: «Judá y Tamar»

Sección uno: ACTIVIDAD

«Tu árbol genealógico»

Entrégale una hoja y crayones a cada asistente. Pídeles que dibujen su árbol genealógico o familiar y diles que si lo hacen, les darás como premio un chocolate o algo similar, y muéstralo ante todos.

Cuando terminen, felicítalos y entra de una vez al tema. Seguramente te preguntarán por su premio, pero diles que mejor no les darás nada aún. (Más adelante verás por qué.)

Introducción

La historia que estás a punto de leer y escuchar puede parecer muy fuerte, «no apta para menores», y podrías preguntarte: ¿Por qué Dios quiso que se incluyera en la Biblia? Probablemente ya la hayas leído o escuchado, siendo capaz de notar o no los detalles y la importancia que tiene, además de las lecciones que aprendemos a través de ella. Sin embargo, cuando conoces cómo esta trama tan inundada de pecado se relaciona de forma directa con la llegada de Jesús, nuestro Salvador, jamás podrás leerla de la misma manera. Así que, abre tus ojos y oídos, y pídele a Dios que prepare tu corazón para aprender lo que él quiere decirnos en este capítulo de Génesis.

Intenta narrarla o leerla de manera dinámica para que los jóvenes se involucren y se conecten con la historia. Es como hacer un viaje al pasado y situarnos en el lugar de los hechos para ver «la película». (Cuando termines, trata de hacer énfasis en la promesa no cumplida y recuérdales la actividad que hicieron al inicio, preguntándoles cómo se sintieron al saber que no les darías el premio que les mostraste. Después de escucharlos, entrégales lo que les habías ofrecido.)

Sección dos: PALABRA CLAVE

Descendencia

¡Idea! Puedes hacer un cartel con tu genealogía o árbol familiar y colocarlo en algún lugar del salón o área en la que compartirás esta enseñanza (además, puede servir de ejemplo para la actividad de apertura).

Sección tres: ADENTRÁNDONOS EN EL TEMA

Hechos Relevantes:

- Judá elige como esposa a una mujer cananea, lo cual no le estaba permitido (v. 2). La orden provenía desde el tiempo de Abraham e Isaac (Génesis 24:1-4).

- Al Señor no le agrada la conducta de los dos primeros hijos de Judá (Er y Onán). Acerca de Er, la Biblia no menciona la razón por la que a Dios le pareciera tan desagradable, al punto de decidir quitarle la vida. En cuanto a Onán, sí explica la razón, la cual consiste en que él no quería tener hijos que según la ley del levirato en aquellos tiempos no serían suyos, sino se considerarían hijos del primer esposo, su hermano mayor. A Onán también le es quitada la vida (vv. 6-10). Esta ley decía que si el esposo moría y tenía más hermanos, el que le seguía debía casarse con la viuda y así le daría descendencia al hermano que había muerto.

- Judá le hace una «falsa» promesa a su nuera Tamar, asegurándole que al crecer su hijo menor, Selá, lo entregaría como su esposo (v. 11). En el corazón y la mente de Judá, el verdadero plan era retener a su hijo menor, porque temía que él también muriera, pero al hacer eso, estaba desobedeciendo la ley e incumpliendo la promesa hecha a su nuera.

- Tamar pone en práctica el engaño, la venganza y un estilo particular de «hacer justicia» (vv. 13-19)

- ¿Crees que Tamar hizo justicia con este acto de «disfrazarse», seducir a su suegro y embarazarse? (Pregúntales a los jóvenes el porqué de sus respuestas y recuérdales que las cosas no se deben hacer bajo un criterio humano, sino siempre bajo los estatutos del Señor. Además, él es quien se encarga de hacer justicia (Romanos 12:17-21).

- Tamar queda embarazada (¡y de gemelos!).

- Judá está ciego y le es muy fácil reconocer el pecado ajeno, pero no el propio (v. 24). El pecado genera que no veamos las cosas como Dios las ve, nota la reacción de Judá en este versículo:

Como tres meses después, le informaron a Judá lo siguiente:

—*Tu nuera Tamar se ha prostituido, y como resultado de sus andanzas ha quedado embarazada.*

—*¡Sáquenla y quémenla!* —exclamó Judá.

¿Ves qué rápido responde y condena? Al observar esta escena, es posible que recordemos una historia similar que ocurrió con David y quedó registrada en 2 Samuel 12. Somos muy rápidos y hábiles para señalar el pecado ajeno y emitir juicios, pero muchas veces no hemos sido capaces de reconocer nuestros propios errores. Solo el Señor puede juzgarnos. Aun así, si mostramos un genuino arrepentimiento y confesamos nuestro pecado, él nos perdona, anula el acta y nos limpia de toda maldad (1 Juan 1:9).

Nace Fares (v. 29), al que vemos como parte de la genealogía de Jesús en Mateo 1:3.

¡Una nota interesante! ¿Ya notaste que Fares no iba a ser el primogénito? El que iba a salir primero del vientre de Tamar era Zera, a quien se le colocó un hilo rojo en la mano, pero Fares se abrió paso y salió primero. Su nombre en hebreo significa «abertura o brecha».

Resulta impresionante observar cómo toda la línea de la descendencia de Jesús está caracterizada por personajes que cometieron pecados, los cuales quedaron «grabados» para la historia, es decir, vemos a varias generaciones caracterizadas por el pecado. Sin embargo, Pablo en 2 Corintios 5:21 nos recuerda esto: «Al que no cometió pecado alguno, por nosotros Dios lo trató como pecador, para que en él recibiéramos la justicia de Dios». Jesús, en términos humanos, provino de una línea muy marcada por el pecado, pero él jamás pecó. Tal cosa nos demuestra que sí podemos vencer las tentaciones y permanecer en santidad.

Además, esto se conecta claramente con Romanos 5:20-21: «En lo que atañe a la ley, ésta intervino para que aumentara la transgresión. Pero allí donde abundó el pecado, sobreabundó la gracia, a fin de que, así como reinó el pecado en la muerte, reine también la gracia que nos trae justificación y vida eterna por medio de Jesucristo nuestro Señor».

GÉNESIS 38: «Judá y Tamar»

Sección cuatro: ¿CÓMO SE RELACIONA ESTO CONMIGO?

1. Debo aprender a obedecer las instrucciones de Dios y hacer lo que me corresponde. Si algo no sale bien y no depende de mí, debo preguntarle al Señor qué debería hacer. Y si no recibiera una respuesta, ser paciente y esperar a que él actúe (es seguro que Dios está en control).

2. No debo hacer justicia «por mi propia mano», sino saber que el Señor es quien se encargará de hacerla. No debemos pagar mal por mal, sino vencer el mal con el bien.

3. Preciso reconocer y confesar mis pecados ante Dios y rogar que su misericordia me ayude a aceptar su perdón.

4. No debo señalar el pecado ajeno y condenar a otros como si tuviera la autoridad para hacerlo. Sin embargo, si veo que alguien está cometiendo algún pecado, sí puedo exhortarlo y ayudarlo con amor y misericordia para que pueda ver la verdad y corregir su camino.

Cierre

Compromiso: Desafía a los jóvenes a vivir en obediencia a Dios. Pídeles que anoten algunas de las áreas en las que no están siendo obedientes y que de manera muy específica expliquen qué harán y cómo para ir mejorando en cada una.

Oración: Señor, gracias por ser misericordioso, paciente y perdonador conmigo. A pesar de saber que voy a fallar, sigues confiando en mí. Gracias porque a través de historias como la de Judá y Tamar me muestras cómo puedes usar un hecho así para cumplir tu plan. Gracias porque cada día tengo una nueva oportunidad de agradarte. Perdóname por desobedecer algunas veces tus instrucciones y hacer lo que creo correcto. Ayúdame a serte fiel y no olvidar que necesito de ti cada segundo de mi vida. Gracias por otorgarme el perdón eterno. En el nombre de tu Hijo Jesucristo, amén.

GÉNESIS 38: «Judá y Tamar»

Sección materiales:

Para la actividad de apertura:

- Hojas
- Crayones
- Chocolates

Para la sección de compromiso:

- Hojas
- Lapiceros

lección
12

GÉNESIS 41

«Una historia de sabiduría»

GÉNESIS 41: «Una historia de sabiduría»

Sección uno: ACTIVIDAD

Entrégales a los jóvenes «boletas» de ahorro de distintos bancos. También puedes presentarles una chequera, una libreta de ahorro, una tarjeta de crédito o una tarjeta de débito. Averigua quiénes de ellos las conocen, quiénes tienen una personal y cuánto ahorran al mes. Pregunta también por qué decidieron hacerlo.

Comenta los efectos desastrosos que resultan de la falta de una buena administración financiera, los cuales van desde los divorcios (según algunos índices esta causa más rupturas matrimoniales que la infidelidad conyugal) hasta la quiebra de naciones. Puedes contar casos personales de buena o mala administración económica.

Sección dos: INTRODUCCIÓN

El libro de Génesis, aunque en términos generales es de género narrativo, tiene «subgéneros» en su contenido. Uno de ellos es el de sabiduría. La literatura sapiencial en la Biblia se refiere más que todo al «entendimiento de la realidad» o la «destreza para vivir». Tiene que ver con tomar decisiones para la vida a la luz de la comprensión de los hechos o circunstancias, decisiones que marcan la *conducta humana*. Alguien ha dicho que el corazón de la verdadera sabiduría es la *formación del carácter*.

En Génesis encontramos tanto dichos sabios (proverbios) como historias de sabiduría. Los capítulos 40 y 41 constituyen una historia muy instructiva (nota los vv. 8, 33, 39).

Los cincuenta y siete versos de Génesis 41 pueden resumirse así:

José ha sido vendido a los madianitas/ismaelitas (Génesis 37:27-28) debido a la envidia de sus hermanos, motivada por sus sueños. Estos a su vez lo venden a Potifar, un oficial del faraón. En casa del oficial, José es acosado por la esposa de este. Al negarse a ceder a las provocaciones de la mujer, ella lo calumnia y él termina en prisión. Estando allí, interpreta los sueños de dos servidores públicos. Sus predicciones se cumplen, pero José permanece en la cárcel olvidado por uno de los beneficiarios durante dos años (v. 1), hasta que este hombre se acuerda de él a causa de unos sueños que tiene el faraón. Este «copero» (v. 9) recomienda entonces a José para solucionar el problema de los sueños del gobernante.

¿Qué soñó faraón para que lo perturbara de tal forma? Él tuvo un sueño con las famosas «vacas gordas y vacas flacas» (vv. 14-24), el cual José después interpreta en el nombre de Dios (v. 16) como indicando siete años de abundancia y siete años de sequía (vv. 25-32).

GÉNESIS 41: «Una historia de sabiduría»

Sección tres:
VERSOS CLAVE

Génesis 41:33-36

«Por lo tanto, sería bueno que Su Majestad buscara **un hombre inteligente y sabio,** para que se haga cargo del país. Haga Su Majestad lo siguiente: nombre Su Majestad **gobernadores** que vayan por todo el país y <u>recojan</u> **la quinta parte** de todas las cosechas de Egipto, durante los siete años de abundancia. Que <u>junten</u> todo el trigo de los buenos años que vienen; que lo <u>pongan</u> en un lugar bajo el control de Su Majestad, y que lo <u>guarden</u> en las ciudades para alimentar a la gente. Así el trigo quedará guardado para el país, para que la gente no muera de hambre durante los siete años de escasez que habrá en Egipto» (DHH).

Actividad

Pídeles a los jóvenes que:

1. Comenten sobre las palabras en negritas. ⁣

2. Comenten sobre las acciones que indican las palabras subrayadas. ⁣

Notemos ahora algunos detalles de estos versos y otros en el capítulo:

1. José no es solo un pronosticador (vv. 25-32), sino también el estratega, el planificador (vv. 33-36). El hecho de que Dios anuncie un asunto que se apresura a suceder es precisamente la razón para que los líderes responsables actúen y planifiquen sus acciones, en lugar de quedarse «de brazos cruzados».

2. El pasaje nos enseña de una manera sencilla algunas lecciones acerca de administración y objetivos, así como sobre la combinación de ambas cosas para el logro de los ideales, los deseos imaginarios, las utopías.

3. José propone su plan, su estrategia y sus objetivos. El plan es aprovisionarse de alimentos antes de la sequía. La estrategia y los objetivos son:

    - A corto plazo: buscar a la persona indicada (v. 33), encontrar el equipo de apoyo (v. 34), dividir la tierra para la recaudación (v. 34), recoger, juntar, almacenar y guardar los alimentos.

    - A largo plazo: alimentar al pueblo llegado el momento (v. 36).

Observemos unos detalles más:

1. En el verso 34 se lee «recojan la quinta parte», una mejor lectura sería «organicen la tierra en cinco distritos» para un mejor control de la recaudación. Vemos aquí a las «redes sociales» funcionando por medio de los superintendentes de la recolecta. Por muy sabio que sea un hombre, necesita asistentes, un equipo de trabajo.

2. El verbo «guardar» (shamar) puede traducirse también como «custodiar», lo cual se aplica mejor a este contexto, ya que ante la hambruna sería necesario proteger lo recaudado de los posibles saqueos. De esta forma José anticipa posibles problemas, establece un indicador de éxito.

3. El hombre sabio e inteligente es el que «ve las señales», entiende la situación y es capaz de planificar y llevar a buen término las importantes medidas necesarias.

Dicho sea de paso, el término «sabio» (hakam) para referirse a los magos de Egipto puede ser un sarcasmo en vista de que el faraón ya los había consultado (v. 8) y fracasaron, porque no actuaban en nombre de Dios.

4. Este hombre sabio, José, también es respetuoso y hace propuestas, no impone. Sin embargo, se muestra claro en sus propuestas en cuanto a que se debe «actuar» (yashah). Este es el mismo verbo para referirse a que Dios actúa (v. 32).

5. José urge al faraón a imitar a Dios y tomar acción. Las consecuencias de no hacerlo son el juicio y la muerte (karat). De este modo el consejo cambia a mandato.

En cuanto al resto del pasaje, también debemos tener ciertas cosas en cuenta:

1. La humildad de este hombre se nota en el verso 16. Es claro que la sabiduría debe conducirnos a reconocer la grandeza de Dios.

2. El libro de Génesis empieza con una nota negativa sobre la «sabiduría» (3:5), pero concluye con la restauración de la misma. Satanás ofreció sabiduría, pero en realidad produjo maldición y muerte. Ahora Dios cambia el panorama: él da sabiduría (v. 16) y produce bendición y vida.

3. Dios no necesita de nadie para salvar a su pueblo. Él nos invita a ser parte de su plan (vv. 39-41).

4. Acerca de José como un joven maduro, en este capítulo se puede observar que:

    - La sabiduría de José se debió a que en él estaba el «espíritu de Dios» (v. 38).

    - Los versos 33 y 38 describen sus cualidades. ¿Tienes tú alguno de estos atributos?

    - Otra cualidad aparece en el verso 51. Él no fue un hombre vengativo, rencoroso ni amargado. Supo entender y esperar el plan de Dios.

Sección cuatro:
¿CÓMO SE RELACIONA ESTO CONMIGO?

Medito...

Con respecto a mí mismo:

1. En la forma en que Dios me enseña la importancia de elaborar planes y objetivos.

2. Sobre la sabiduría que Dios le da a los suyos a fin de aprovechar y cuidar las provisiones que ofrece.

3. En la necesidad de los conocimientos básicos sobre administración para disponer de mejor forma de los recursos provistos.

4. Sobre el trabajo en equipo, donde todos somos necesarios y Dios resulta indispensable.

5. Sobre algunos procesos a tener en cuenta:

   - ¿Cómo nos ayuda este pasaje de la Biblia a establecer metas? _____

   - ¿Qué recursos serían necesarios para enfrentar la necesidad de la hambruna en el relato? _____

   - ¿De qué maneras el establecimiento de un plan y objetivos puede ayudar a mi proyecto de vida? _____

   - ¿Qué aprendemos de la organización comunitaria? _____

GÉNESIS 41: «Una historia de sabiduría»

Con respecto a Dios:

1. ¿Qué aspectos de Dios vemos en esta historia? _____

2. ¿Qué aprendemos acerca de la intervención divina en este capítulo? _____

3. ¿Qué nos enseñan estos aspectos? _____

4. ¿Qué papel juega Dios en esta organización? _____

Con respecto a algunas cuestiones prácticas:

1. ¿Qué estrategia he planificado para enfrentar las crisis o necesidades?

2. ¿Cómo me puede ayudar la dosificación de mis metas a tener un sentido de dirección y seguridad?

3. ¿Qué puedo hacer para aprender a establecer metas u objetivos a corto, mediano y largo plazo?

Para seguir la conversación:

Pídeles a los jóvenes que mediten en estos otros pasajes similares:

1. Daniel 2.

    - ¿En qué se parecen las actitudes de ambos personajes? _____

    - ¿Cuál fue el resultado de sus acciones? _____

2. Lucas 14:28 en adelante

   . ¿Para qué se sienta el constructor? _____
   _____

   . ¿Por qué Jesús no enseñó que era suficiente con confiar en la provisión divina para la construcción? _____
   _____

   . ¿Qué crees que implique aquí la palabra «calcular»? _____
   _____

GÉNESIS 41: «Una historia de sabiduría»

Sección cinco: CIERRE

Actividad: «Mi presupuesto personal»

Elaboremos juntos un plan para administrar los recursos financieros que ahora poseemos. Entrégale a cada miembro del grupo la hoja con la tabla y la figura de un círculo. El círculo representa el cien por ciento de los ingresos. Solicita que cada uno responda las preguntas de la hoja y luego hagan la representación gráfica de la distribución de sus fondos.

Mi presupuesto personal

Ingresos	Descripción	Cantidad	Porcentaje
¿Cuánto es tu ingreso semanal?	El dinero que recibes o ganas.		100%

LECCIONES Bíblicas Creativas | GÉNESIS

Egresos	Descripción	Cantidad	Porcentaje
Gastos personales	Cuánto vas a destinar de tus ingresos para necesidades, gustos y deseos		
Ahorro	Cuánto de tus ingresos vas a guardar para una provisión en el futuro.		
Inversión	Cuánto de tus ingresos apartas para comprar, producir y luego vender.		
Compartir	Cuánto de tus ingresos destinas para dar a otros: compartir ofrendas generosas y ayudar económicamente a personas en necesidad.		
			100%
Texto			

Mi presupuesto personal / Ejemplo

Ingresos	Descripción	Cantidad	Porcentaje
¿Cuánto es tu ingreso semanal?.	El dinero que recibes o ganas.	$20.00	100%

GÉNESIS 41: «Una historia de sabiduría»

Egresos	Descripción	Cantidad	Porcentaje
Gastos personales	Cuánto vas a destinar de tus ingresos para necesidades, gustos y deseos	$14.00	70%
Ahorro	Cuánto de tus ingresos vas a guardar para una provisión en el futuro.	$2.00	10%
Inversión	Cuánto de tus ingresos apartas para comprar, producir y luego vender.	$2.00	10%
Compartir	Cuánto de tus ingresos destinas para dar a otros: compartir ofrendas generosas y ayudar económicamente a personas en necesidad.	$2.00	10%
Texto		$20.00	100%

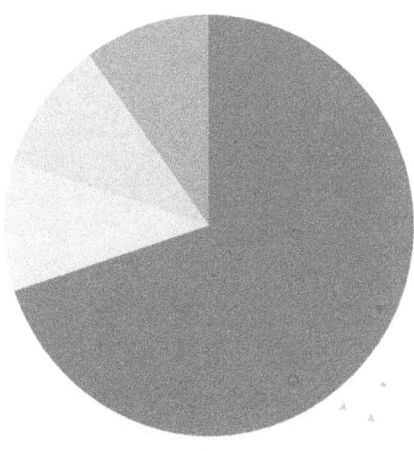

● Gastos personales
● Ahorro
● Inversión
● Compartir

LECCIONES Bíblicas Creativas | GÉNESIS

¡ESCRIBE!

GÉNESIS 41: «Una historia de sabiduría»

BIBLIOTECA DE IDEAS
de Especialidades Juveniles

Las más variada y completa colección de ideaspara refrescar tu ministerio

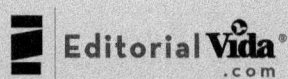

Despierta tu Creatividad

si trabajas con jóvenes nuestro deseo es ayudarte

UN MONTÓN DE RECURSOS PARA TU MINISTERIO JUVENIL

Visítanos en
www.especialidadesjuveniles.com

 /EspecialidadesJuveniles 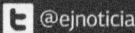 @ejnoticias

*Nos agradaría recibir noticias suyas.
Por favor, envíe sus comentarios sobre este libro a
la dirección que aparece a continuación.
Muchas gracias.*

*vida@zondervan.com
www.editorialvida.com*

www.ingramcontent.com/pod-product-compliance
Lightning Source LLC
LaVergne TN
LVHW061216060426
835507LV00016B/1959